讓愛延續的七個方法

兩個人幸福過一生的關鍵秘訣

The Seven Principles for Making Marriage Work

A Practical Guide from the Country's Foremost Relationship Expert

約翰・高曼（John M. Gottman）、妮安・希維爾（Nan Silver）著
陳謙宜、沈碁恕 譯

遠流出版公司

目錄

第一章　西雅圖愛情實驗室：相愛一生的秘訣

今天早晨的西雅圖一反常態，萬里無雲，新婚夫婦馬克和珍妮絲正坐著吃早餐。公寓窗外是一抹湛藍的水景，河岸公園邊則有慢跑的人與搖擺漫步的鵝群。享受窗外景致的同時，馬克和珍妮絲正津津有味地享用早餐。用完早餐，馬克可能會看電視，珍妮絲則會打給住在外地的媽媽閒聊。

小公寓裡的一切看似平常，直到你發現裝在牆壁上的三台攝影機，還有別在馬克和珍妮絲領口上、像是脫口秀主持人用的麥克風，與他們胸前的霍特氏心電動態監測儀。這個能欣賞美好景致的愛情小窩其實不是馬克和珍妮絲的公寓，而是西雅圖華盛頓大學裡的一間實驗室。過去十六年以來，這裡主導了各式各樣關於婚姻與離婚的創新實驗。

馬克和珍妮絲（與另外四十九對隨機選取的夫婦）自願待在此處過夜，這是我們實驗的一部分，我們喜歡稱這間公寓為「愛情實驗室」。這些夫妻收到的指令是：表現得愈自然愈好，雖然會有研究團隊透過廚房裡的單面反光鏡觀察他們、有攝影機紀錄他們所說的每句話與臉上的每個表情，還有感測器偵測他們的身體反應（如心跳速度），觀察他們是處於緊繃還是放鬆狀態。為考量個人基本隱私，觀察時間從早上九點到晚上九點，絕不包含浴廁時間。公寓設備包括摺疊沙發床、廚房、電話、電視、電腦、音響。我們請所有的夫婦帶自己的食物、手機、筆電、啞鈴，甚至是寵物，任何周末生活所需的物品都可以。

為什麼有人可以牽手走一輩子，有些人卻走不下去？

我們的目標是發掘婚姻的本質，回答困擾大家已久的問題：為什麼有時候維持兩個人的關係這麼困難？為什麼有些婚姻能走一輩子，有些卻像定時炸彈，開始倒數計時？如何預防關係變質？或如何拯救已經變質的婚姻？

經過多年的研究，我們終於可以回答上述問題。我可以預測一對伴侶會幸福美滿，還是會分道揚鑣。只要待在愛情實驗室五分鐘，我便能透過兩人之間的互動做出預測。在過去三項不同的研究中，預測的準確率平均達91％。預測並非基於直覺，或是對「美好」婚姻先入為主的觀念，而是根據長年研究所累積下來的數據。

許多人都自認是婚姻專家，積極想分享自己對打造完美婚姻的看法。但關鍵來了！這些都只是個人「意見」。在我們提出研究成果以前，所有婚姻方面的協助幾乎都是仰賴人的見解，包括訓練有素的合格婚姻諮商師。在協助一對夫婦時，盡責的諮商師通常會根據自己的專業訓練、經驗、直覺、家庭背景，進行諮商，不過並沒有人採用紮實的科學證據。這是因為之前，還沒有任何關於婚姻成敗的嚴謹科學數據。

雖然我可以準確預測離婚與否，但是最有意義的發現是「延續愛的七大法則」。

不讓負面想法超過彼此的愛意

維持關係長久的法則十分簡單。婚姻美滿的夫妻並非比較聰明、有錢或心思靈巧。而是他們已在日常生活中找到一種方法，不讓自己對另一半的不滿超過愛意（對彼此有所不滿，在夫妻間很正常），這類婚姻可稱之為高情緒智商的婚姻。

近來大眾已普遍認為情緒智商是孩童日後成功與否的關鍵指標。孩子愈能處理情緒，並且愈能體諒他人、和他人相處，日後成功的機率就愈高，這與課業學習的智商高低無關。夫妻之間的相處亦是如此。情緒智商愈高的夫妻，愈能體諒、敬愛和尊重對方與他們的婚姻，因此也愈可能過著幸福美滿的生活。正如父母能教導孩子培養情緒智商，夫妻也能被教導學會。這聽起來非常簡單，卻能降低與另一伴走向分手之途的機率。

不幸福的關係會影響健康

談到離婚的機率，相關的數據始終非常駭人。第一次婚姻以離婚收場的機率為67％；有一半的離婚是發生在結婚頭七年；另外有研究發現，第二段婚姻的離婚率比初次結婚的人高出10％。由於離婚的機率如此之高，所有伴侶，包括滿意目前婚姻狀態的人，都應該更加努力穩固。

婚姻走向末路最可悲的原因之一是，雙方太晚才發現婚姻的價值。直到簽了離婚協議書、分了家產、另租公寓，才會明白放棄了彼此，讓自己失去多少。美滿的婚姻往往被視為理所當然，卻忘記婚姻應有、也最需要呵護和尊重。有些人也許覺得離婚或婚姻不幸福沒什麼大不了，有些人甚至認為這樣才符合潮流。然而已有眾多證據顯示，離婚或婚姻不幸對人會造成嚴重傷害。

密西根大學研究員魯易士・范布吉（Lois Verbrugge）和詹姆士・豪斯（James House）的研究指出，

婚姻不幸的人罹病機率會增加約35%，平均壽命甚至會減少四年。換言之，比起離婚或婚姻不幸的人，婚姻幸福的人壽命較長，且活得較健康。研究人員確定這些差異的存在，但還無法確定真正原因。

部分原因或許是不快樂的婚姻會帶來生理上各種長期的刺激，也就是說，婚姻不幸的人經常飽受情緒壓力，生理上十分緊繃，讓身心格外疲累，可能因此引發多種生理疾病，如高血壓、心臟病，以及許多心理症狀，如焦慮、憂鬱、自殺、暴力、精神疾病與藥物濫用。

令人不意外的是，幸福的伴侶出現上述疾病或行為的比例低許多。婚姻幸福的人比較注意健康，研究人員認為這是因為他們會互相照顧，提醒對方定期健康檢查、按時服藥、注意飲食等等。

愛情實驗室還有個令人振奮的發現：初步的證據顯示，幸福婚姻或許能增強個人免疫系統，使人更健康，因為免疫系統是身體對抗疾病的首要先鋒。早在十幾年前，研究人員已經發現離婚會抑制個人的免疫系統功能，造成免疫力下降，無法抵抗外來病菌入侵，提高罹患傳染病和罹癌的機率。如今我們發現，情況也可以反過來：維持婚姻美滿不僅能預防免疫功能下降，甚至能增強免疫功能。

從測試住在愛情實驗室裡的五十對夫婦中，我們發現非常滿意婚姻、與不滿意婚姻或對婚姻無特別感受的受測者有明顯差異。我們取得每位受測者的血液樣本，測試各種白血球細胞反應（白血球是免疫系統的主要武器）。結果發現當外來病菌入侵時，對彼此關係滿意的人有較強的白血球增生能力。

我們也檢測自然殺手細胞的活動力，這種細胞是免疫系統的另一個重要武器。正如其名，自然殺手細胞會殺死已被破壞或改變的細胞（如受感染的細胞與癌細胞），因此能抑制腫瘤細胞的生長。同樣地，我們發現滿意婚姻關係的受測者有較強的自然殺手細胞。

美滿的婚姻是不是透過增強免疫系統使人更健康、長壽？這還有待近一步研究確認。但重要的是，現在已知婚姻幸福確實讓人更健康。其實，如果熱愛健身的人能抽出每週運動十分之一的時間，也許是每天花二十分鐘，來經營自己的婚姻，能獲得的健康益處可能比去健身房還多上三倍！

而當關係開始變質，受害的不只是丈夫和妻子，還有孩子。我們曾針對六十三名學齡前孩童進行研究，結果發現家中有嚴重婚姻衝突的孩子，他們的壓力荷爾蒙濃度會比其他孩子慢慢升高。目前無法確定長期下來這樣的壓力對孩子健康會造成什麼影響，但是我們知道這種生理上所出現的強烈壓力徵兆，也會反應在孩子的行為表現。我們追蹤這群孩子到十五歲，發現與其他同齡孩子相比，他們比較容易有：逃學、情緒憂鬱、同儕排擠、行為問題（尤其是侵略性的行為）、學業成績低落、輟學等問題。

這項發現傳達出一個重要訊息：為孩子去維持一段不幸福的婚姻絕非明智之舉。在一個父母總是爭吵的家中成長，顯然對孩子會造成很大的傷害。爭吵不休的婚姻不如和平離婚，可惜離婚鮮少能以和平的方式收場，而且戰火往往會延燒到離婚以後。

延續愛的七個法則

對家中每個成員來說，挽救婚姻的代價都相當高。儘管我們已知維持婚姻的滿意度非常重要，但在過去，關於如何維持幸福，「可靠」的科學研究數據卻很少。所謂「可靠」，是指比照醫學研究採用嚴謹的科學方法所獲得的結果。事實上，許多關於婚姻的研究方式僅是問卷調查。問卷是一種自我評估法，有一定的價值，但卻有侷限。單憑勾選『快樂』的選項，就能確定妻子真的快樂嗎？以受暴婦女為例，她們在婚姻滿意度問卷的得分都很高。只有在感到安全的訪談情況下，女性受訪者才會表達出內心的痛苦。

為了解決傳統研究的不足，我們曾進行七個不同的實驗，總共追蹤七百對夫婦。除了新婚夫婦，研究對象也包括年長夫妻，他們參與研究時的年齡有四十幾歲，也有六十幾歲；另外也研究新手爸媽，以及家中有孩子的夫妻，包括新生兒、學齡前孩童與青少年。

研究過程中會訪問受測夫婦的婚姻史、婚姻觀、對父母親婚姻的想法。當夫妻閒聊今天過得如何，討論常起爭執的話題與快樂的事情時，過程會被錄影下來。為了解讀他們是處於緊張還是放鬆狀態，有人會時刻記錄他們的心跳、血液流量、出汗量、血壓和免疫功能。每次實驗結束後我們都會重新播放談話過程給受測者看，詢問他們在和另一半交談當中，心跳或血壓忽然飆升時的想法與感覺，以了解當事人的觀點。之後我們每年至少會追蹤他們的婚姻狀況一次。

本書所提出「讓愛延續的七個方法」即是根據這些研究的結果。在發掘兩性關係的本質後，我認為關於婚姻與離婚的某些迷思雖然根深蒂固，卻應該予以揚棄。

伴侶之間的正面力量可以超越衝突

如果你的婚姻曾經或現在出了問題，你可能會得到許多人的建議。似乎只要是結過婚的人，或是有朋友結婚的人，都認為自己握有愛火不滅的秘訣。但是這些秘訣恐怕聽聽就好，不論它們是出自電視節目裡的兩性專家，還是美容院裡睿智的美甲師。

最大的迷思也許是：溝通與學會解決衝突，是幸福快樂的不二法門。不論婚姻諮商師依據的理論為何，都會聽到類似的建議：學習更好的溝通方式。這個建議之所以廣受推崇，道理並不難懂。大多數人在起衝突時（不論是口角爭執、破口大罵或是冷戰），都想吵贏對方。他們會執著在自己受到的傷害，急於想證明對方是錯的，自己才是對的，或持續和對方冷戰，結果雙方的溝通只會如一片死水或深鎖的大門。為了找出折衷辦法並重修舊好，冷靜且耐心地聆聽對方的觀點似乎是合理的做法。

「積極傾聽」是許多婚姻諮商師推薦用來決衝突的方法，只是不同人有不同的做法。舉例來說，諮商師會建議在溝通時採用「聽者說者交換技巧」。假如太太對先生很生氣，因為他總是工作到很晚。這時，諮商師會要求太太用「我」開頭的句子，訴說自己的感受，而非一味責怪先生。因此太太會說：「你每天工作這麼晚，我自己在家帶孩子，覺得很累很孤單。」她不會說：「你真的很自私，每次都這麼晚下班，把照顧孩子的責任丟給我一個人。」

然後先生要重述太太表達的訊息與感受，並確認他的重述無誤（這表示他有積極傾聽）。諮商師會要求先生正視太太的感受，讓太太明白他接納她的感受，即使看法不一致，他也尊重並理解她。因此先生可能會回答：「我工作到這麼晚，妳自己帶孩子一定很辛苦。」先生被要求暫時不去批評、不為自己爭辯，只要回應就好。因此「我聽見了」是積極傾聽中的常用語。

理論上，只要強迫雙方站在對方的觀點來了解兩人的差異，應該就可以平和解決問題。因此這種方法常被推薦用來處理所有爭執，小至家用開銷，大至人生目標。「衝突解決」不僅被稱爲挽救婚姻的萬靈丹，更是所有婚姻的滋養品，有助維持婚姻幸福。

這個方法究竟從何而來？原來是早期的婚姻諮商師借用著名心理治療師卡爾・羅傑斯（Carl Rogers）的個人心理治療技巧。羅傑斯的心理治療在六〇年代相當興盛，直至今日心理治療師或多或少仍會採用。羅傑斯採取非批判的方式、包容的態度，接納個案所表達的一切感受與想法。舉個例子，如果個案說：「我就是討厭我老婆，她是個嘮叨的賤女人。」心理醫生會點點頭，然後回答：「我聽見了，你老婆太愛唸你，你很討厭她這樣。」這種作法是要營造一種感同身受的氛圍，讓個案有安全感，吐露出內心的想法與情緒，完全信任諮商師。

在理想的關係裡，雙方理當都要能覺得很自在，所以要求夫妻練習這種完全的接納似乎很合理。如果雙方都能對對方的看法有同理心，解決衝突就會變得容易許多。

但問題是這種方法並不管用。科特・霍威格（Kurt Hahlweg）博士曾在慕尼黑進行一項婚姻諮商的研究，他和同事發現採用積極傾聽之後，大部分夫妻的困擾並未解決。少數因積極傾聽受益的人，不到一年便故態復萌。

在各種以衝突解決為主的婚姻療程中，出現再度失和的比例相當高。即使是由最負盛名的華盛頓大學的尼爾・傑克森（Neil Jacobson）博士所主導的婚姻治療，成功機率最高只有35％。換言之，在傑克森博士的研究中，只有35％的夫婦認為這項療程顯著改善婚姻。一年後，該比例降至一半以下，只剩18％的人並未故態復萌。

美國的《消費者報導》（*Consumer Reports*）月刊曾針對訂戶調查各類心理治療的經驗，大多數都有很高的滿意度，唯獨婚姻療程的分數低得可憐。這項調查或許稱不上是嚴謹的科學研究，但卻證實這個領域許多治療師的想法：長期下來，現有的療程並無法改善大多數夫妻的問題。

其實仔細想想，就不難明白積極傾聽為什麼容易失敗。先生或許真的全神貫注聆聽太太的抱怨，但他不是一位在聽個案抱怨其他人的治療師。他就是妻子以「我」開頭的句子所抱怨的對象。面對批評時，有些人能夠心胸寬大，比如說達賴喇嘛——但是你或你的另一半卻不太可能剛好跟這種人結婚。即使是羅傑斯這派的治療師，若聽見個案開始抱怨自己時，恐怕也很難繼續採用營造同理心的方法。當一對伴侶的關係連走都走不下去，積極傾聽就好像是要他們表演奧運體操。

若你認為接納感受與積極傾聽確實有助於解決衝突，請繼續使用。某些情況下，這個方法確實有用。但問題是，即使這能減少夫妻爭吵的激烈程度與頻率，單靠這個方法來挽救婚姻是不夠的。

我們調查過六百五十對夫婦，並後續追蹤他們長達十四年，最後發現上述諮商方法失敗的原因，除了大多數人根本就做不來之外，更主要的原因是：解決衝突並非成功經營婚姻的要素。我們的研究得到一個令人驚訝的發現，大多數婚姻快樂的夫妻在吵架時，幾乎不太會積極傾聽。

舉一對我們研究的夫妻來說，這兩人結婚超過四十五年，太太對先生說希望當初沒有生小孩。先生聽了勃然大怒，接下來的所有對話完全打破積極傾聽的規則，沒有接納感受，也沒有同理心，兩人都單刀直入，表明自己的想法。

先生：妳覺得當初如果我支持妳不生孩子，妳會過得更好？

太太：對，生孩子簡直害慘了我。

先生：怎麼會……等等。

太太：強迫我過那種生活！

先生：我沒有強迫……

太太：我多麼想要與你共享人生，但我卻變成忙碌的老媽子。

先生：等一下，我不覺得沒生小孩就會輕鬆許多，我想妳忽略了生理因素。

太太：看看許多完美的婚姻，那些夫妻都沒生孩子。

先生：誰？

太太：溫莎公爵與公爵夫人！

先生（深深嘆氣）：拜託！

太太：公爵放棄王位，娶了鍾愛的女人，婚姻十分美滿。

先生：我不覺得這是個好例子。第一，公爵夫人結婚時已經四十歲，情況不同。

太太：公爵夫人從沒生過孩子。而且公爵之所以愛她，也不是為了傳宗接代。

先生：但是人類天生就有繁衍子孫的慾望。

太太：如果你以為我會受生理需求控制，那真是種羞辱。

先生：我也沒辦法啊！
太太：反正如果沒生孩子的話，我們一定會過得很快樂。
先生：我認為就算有孩子，我們還是過得很快樂。
太太：問題是我不開心。

這對夫妻的對話聽起來不像是完美伴侶會說的話，但他們快樂的婚姻已維持四十五年以上，雙方皆表示非常滿意且深愛對方。

他們這類的當面爭執顯然已經好多年，但最後都不會演變成失態發飆。他們會一直討論為什麼太太對於當母親有如此的感受。沒有時間好好陪伴先生，是太太後悔當媽媽的最大原因。她希望自己不要老是這麼暴躁、疲累。他們討論的過程充滿笑聲和對彼此的愛意。他們的心跳與血壓顯示兩人情緒相當穩定，沒有焦躁或難過的跡象。太太表達的訊息裡有一個最重要的事，那就是她深愛先生，希望有更多時間和他在一起。兩人之間顯然有股正面力量，超越彼此的爭論。但是強調「好好討論」的婚姻諮商並沒有幫助夫妻去利用這股正面力量。

迷思有可能導致關係破裂

一般以為，只要學習更敏銳地溝通就可以挽救兩人關係，這或許是最常見的迷思，但卻不是唯一的迷思。其實還有其他許多迷思不只謬誤，更可能造成婚姻破裂。這些迷思會導致兩人走上歧途，甚至誤以為自己的婚姻已無望。以下列出常見的婚姻迷思：

情緒或性格問題是婚姻殺手。有人或許認為情緒不穩定的人不適合步入婚姻。但研究顯示，精神問題與情場失敗關連不大。原因是每個人都有瘋狂的一面，都有無法理性面對的議題，但是這不一定會影響婚姻。幸福婚姻的關鍵不是擁有「正常」的性格，而是找到合適的對象。舉個例子，山姆對服從權威有障礙，他厭惡所有的老闆。如果他娶了一位專制的太太，喜歡發號施令、指揮他，那麼他們的婚姻可能是悲劇收場。不過山姆娶到梅根，她視山姆為夥伴，不會處處指使他。兩人的婚姻相當幸福，已經走過十個年頭。

與之相反的例子是吉兒與偉恩，他們的婚姻陷入困境。由於吉兒幼年父母離異，她內心有十分強烈的恐懼感，害怕被拋棄。偉恩很愛吉兒，他長得英俊瀟灑，女人緣極佳，參加派對時會大剌剌和其他女人有說有笑。當吉兒向他抱怨時，他對吉兒保證百分之百忠於她，要她別想太多，讓他享受一下無傷大雅的社交樂趣。從偉恩與其他女人的互動，還有他不願意改變的反應，吉兒覺得備感威脅，她內心的恐懼感使兩人走上分居，最後離婚。

這些例子告訴我們情緒障礙不一定是婚姻殺手，如何處理對方的情緒才是關鍵。如果夫妻能接納對方的異常情緒，並用關懷、愛心與尊重來回應，必然有穩健的關係。

共同的興趣會讓兩人關係更好。這取決於兩人從事共同興趣時的互動。比方說，有一對喜愛划獨木舟的夫妻，他們和諧地划著獨木舟，過程中有說有笑，彼此重心都在對方身上。他們對划獨木舟的喜好加深，對另一半的愛和興趣也更深更濃。第二對夫妻也喜愛划獨木舟，但他們缺少彼此尊重。他們划獨木舟的過程可能不時出現「你這白痴，你划槳的方式根本不對！」或是刻意的冷戰。這樣看來，追求共同興趣對他們的婚姻似乎沒有益處。

你幫我抓背，我幫你……有些研究人員認為婚姻成敗的關鍵，在於夫妻是否正面回應對方的善意。換言之，在成功的婚姻裡，若丈夫對妻子微笑，妻子也會展顏歡笑；若丈夫親吻妻子，妻子也會回吻丈夫；若丈夫替妻子做一件事，妻子也會做一件事回報丈夫，反之亦然。基本上夫妻是依照一紙無形的協議互動，回報對方的每句美言與每個行為。但在失敗的婚姻裡，這份協議已經失效，因此兩人之間只充滿憤怒與憎恨。理論上來說，若是關係陷入泥沼的伴侶能明白這份協議的重要，他們的互動就能改善。

但是事實上，不快樂的婚姻裡才有等價互換的情況，因為雙方會斤斤計較自己為對方做了什麼。快樂的夫妻不會計較是誰煮晚餐，另外一個人會不會去洗碗。他們願意付出，單純是因為喜歡對方和這段關係。如果你發現自己在某些事情上會和對方斤斤計較，代表這些就是你們婚姻中的衝突所在。

迴避衝突會摧毀婚姻。「我要聽真話」已經是種常見的態度，但誠實不是所有婚姻的上策。許多夫婦會有所隱瞞，但卻能幸福地牽手過大半輩子。以艾倫和貝蒂為例，每次艾倫生貝蒂的氣時，他就會打開體育台；而貝蒂對艾倫生氣時，她會直奔商場。他們氣消以後才會碰面，好像什麼事都沒發生。結婚四十年下來，他們從未坐下來「討論」自己的婚姻，也沒聽過「接納感受」的溝通方法。但是他們卻能打從心底地告訴你，他們都很滿意這段婚姻且深愛對方，他們抱持相同的價值觀，都愛釣魚和旅遊，並希望他們的孩子能擁有一樣美滿的婚姻。

每對夫妻有不同的衝突方式。有些夫妻為避免衝突，無所不用其極；有些是常常衝突；有些則能平心靜氣地「聊聊」雙方的歧見，然後找出折衷方法。沒有哪一種方式比較好，只要適合雙方就是好的。如果面對衝突時，一方想要好好談談，另一方卻只想看電視，婚姻就可能會出問題。

外遇是造成離婚的根本原因。在大多數案例中，因果關係是相反的。導致夫妻離婚的問題會驅使夫妻其中一方（或雙方）尋找婚姻以外的親密關係。許多著述探討婚外情的婚姻諮商師發現，這些秘密戀情通常與性無關，而是為了尋求友誼、支持、了解、尊重、重視、關懷與關心，這些本應從婚姻獲得的東西。關於離婚最嚴謹的調查或許是琳恩・齊吉（Lynn Gigy）與瓊安・凱莉（Joan Kelly）博士進行的研究。該調查顯示，80％的離婚夫妻認為婚姻破裂的原因是兩人漸行漸遠，親密感不復存在，或無法從對方身上感受到愛與珍惜。只有20％～27％的夫婦認為婚外情是離婚的部分原因。

男人天生不適合婚姻。這是從「外遇會導致離婚」所推論出的觀點，認為男人天性風流，不適合一夫一妻制。有人認為這是叢林法則——男性要確保後代大量繁衍，所以對單一伴侶的忠貞度很低。相反地，女性因投注諸多心力照顧孩子，她們追求的是一位能照顧她和孩子的固定伴侶。但是，不論大自然法則為何，人類外遇的機率主要取決於環境而非性別。如今有許多女性走出家庭進入職場，女性婚外情比例也跟著上升。

男女來自不同星球。市面上很多書都說，男女無法相處是因為男人來自「火星」，女人來自「金星」。但一段成功的婚姻依然是由兩個「外星人」組成。性別差異可能是婚姻問題發生的助力，但卻不是發生的原因。

除了以上，還有其他的迷思可以提，但本書不只是要告訴大家有這麼多婚姻迷思，而是這些迷思可能使極力想挽救婚姻的夫妻失去信心。這些迷思試圖傳達一個訊息：婚姻是一棟設計極為複雜、外觀宏偉非凡的建築，我們多數人都不夠好，不能進入。這並不是說婚姻是件容易的事。我們都明白維持一段長久的關係需要勇氣、決心和毅力。但是如果你能明白什麼是真正能讓婚姻美滿的關鍵，挽救或捍衛婚姻可能會容易一些。

什麼才是維繫兩人關係的秘訣？

早年我給夫妻的建議不外乎就是衝突解決與溝通技巧。不過仔細審視研究數據後，我不得不正視以下事實：讓夫妻「好好聊」歧見，或許可以降低爭執時的壓力，但卻無法為婚姻注入新生命。

如何才能幫助面臨困境的夫妻？分析過一些在婚姻路上相互扶持的夫婦如何互動後，我終於得到答案。為什麼有些婚姻能順利維持下去？因為這些夫妻比較聰明？穩重？或單純比較幸運？這些夫妻所擁有的，是否可以教給別人？

事實上，這些婚姻快樂的夫妻絕非完美結合。有部分表示非常滿意雙方關係的夫婦，在性情、興趣、家庭觀上存有顯著差異。他們並非不常吵架。他們也會像不快樂的夫婦一樣，為金錢、工作、孩子、家務、性生活、公婆或岳父母吵架。可是關鍵在於，他們知道如何巧妙地度過難關，使婚姻依舊幸福、穩定。

經過研究數百對夫妻後，這些美滿婚姻的箇中秘密終於被揭露。這些被研究的對象中，沒有一模一樣的，但愈仔細研究這些快樂的婚姻，愈清楚發現其中都有七個法則可循。婚姻幸福的夫妻可能沒發現自己遵循著這七項法則，但他們確實都有做到。不快樂的婚姻至少總是缺了其中一項法則，甚至往往缺少好幾項。若能掌握這七項法則，你就能保證自己的婚姻常保活力，也會發現自己婚姻裡的脆弱環節、或潛在的脆弱環節在哪，然後將心力投注在婚姻裡最需要的部分。接下來的幾章，本書會告訴各位維持（或重新找回）快樂婚姻的所有秘訣，並帶領大家運用這些技巧。

深厚的友誼會讓兩人對彼此充滿肯定的想法

幸福的婚姻是奠基在深厚的友誼，快樂的夫婦會互相尊重，享受彼此的陪伴。他們通常對彼此瞭若指掌，非常熟悉對方喜愛與厭惡的事物、性格癖好、盼望與夢想。他們會一直關心對方，而且不只以特別的方式表達愛意，在日常生活裡也會以細微舉動表現對彼此的愛。

以勤奮工作的納桑尼為例，他經營進口事業，工作時間非常長。在其他婚姻裡，如此忙碌的行程有可能釀成婚姻的危機。但是他和太太奧莉薇亞卻找到兩人相處的方法。白天時，他們常常通電話。

如果奧莉薇亞要去看醫生，他會記得打電話詢問情況；如果他要和重要客戶見面，她也會打電話來關心。如果晚上吃全雞餐，她會把兩支雞腿都留給他，因為她知道他最愛吃雞腿；如果星期六早上，他做藍莓煎餅給小孩吃，他不會在她的煎餅放藍莓，因為他知道她不喜歡吃藍莓。雖然奧莉薇亞不太熱衷家族聚會，卻努力地和他的母親、姊妹培養友誼，因為家人對他很重要。

這聽起來或許既單調又不浪漫，但事實卻完全相反。這些微小但重要的舉動維繫了兩人的友誼，也就是兩人愛情的基礎。比起那些用浪漫的假期與奢華的週年禮物點綴婚姻生活、但日常生活已無互動的夫婦，這兩人的婚姻反而充滿更多熱情。

友誼能使愛情的火焰燃燒得更旺盛，因為它能抵擋針對另一半產生的敵意。儘管婚姻生活總是有爭執與摩擦，納桑尼和奧莉薇亞依舊維持深厚的友誼，這就是所謂的「由正面感受主控」。換句話說，他們對另一半的正面想法非常強烈，以至於取代負面的感受。除非有比較嚴重的衝突發生，否則他們的婚姻不會失去平衡。這種正面感受使他們對彼此感到樂觀，認定兩人生活的美好，並選擇信任對方。

舉個簡單的例子，納桑尼和奧莉薇亞要辦晚餐派對。納桑尼問：「餐巾紙在哪裡？」奧莉薇亞煩躁地吼道：「就在廚櫃裡！」由於兩人有堅固的友誼為基礎，所以納桑尼很可能不會在意她說話的語氣，只注意她說話的內容——餐巾紙在廚櫃裡。他知道她的不耐煩與自己無關，而是因為手邊發生了小問題，例如無法拿出酒瓶裡的軟木塞。但是，如果兩人已經出了問題，納桑尼很有可能會因此生悶氣或回吼：「算了，妳去拿！」

我們可以用減重的「定點」方法來了解所謂的「由正面感受主控」，因為兩者有相似之處。這個理論認為，人體會自行設定體重值，然後將體重維持在此區間。由於人體的恆定性，不論攝取多少食物，身體都會努力地將體重維持在設定值內。只有重新調整身體的新陳代謝（如定期運動），才可能靠飲食成功減重。在婚姻裡，正面觀點和負面感受與定點類似。如果你的婚姻被「設定」在一定水準以上的正值（正面感受），比起「定點」較低的婚姻，你的婚姻能包容更多負面感受而不會受到傷害。相對地，如果婚姻全是負面感受，想要修復關係就會困難許多。

大部分婚姻在初期時都有很高、正面的設定值，雙方誰也無法想像關係變調。然而，新婚的幸福期往往不長。憤怒、惱恨與怨氣長期下來會慢慢累積，使兩人的友誼會漸漸變淡，只存在於口頭的承諾，而不是日常生活的行為。最後兩人會陷入「由負面感受主控」，所有事情的解讀都愈來愈負面。即便是用中立的口吻所說的話，也會被解讀成是針對個人的攻擊。當妻子說：「你不應該讓微波爐空轉。」丈夫會視之為對自己的攻擊，所以可能會回應：「輪不到妳教我，我讀過操作手冊！」然後開始了另一場戰爭。

如果已經走到這一步，想要找回當初兩人在一起的感覺，其困難程度有如在急流泛舟時逆流向上。但是別沮喪，本書的七大法則會引導大家如何增強夫妻的友誼。這些法則會使各位更了解友誼在婚姻裡的角色，同時培養出維繫或修復兩人關係的技巧。

快樂佳偶的秘密武器：示好訊息

重新找回友誼或為友誼注入新的活力，不代表夫妻就不會吵架，相反地，這提供他們一項秘密武器，使他們的爭執不會演變得一發不可收拾。以納桑尼和奧莉薇亞為例，他們打算從市區搬到郊區時，兩人的關係很緊繃。雖然他們已經決定要買哪一棟房子，也講好如何裝潢，卻在買新車上意見相左。奧莉薇亞認為他們應該像郊區的家庭一樣，買一台休旅車，但對納桑尼而言，吉普車才是最好的選擇。兩人愈深入討論，說話的分貝也愈大。如果你是一隻停在他們臥房牆上的蒼蠅，你可能會非常擔心這兩人的婚姻。不過就在一瞬間，奧莉薇亞雙手叉腰，然後吐舌頭，像極了他們四歲的兒子。納桑尼早已知道她要幹嘛，所以比她先吐舌頭，然後兩人都笑了。一如以往，這個可笑的比賽化解兩人的緊張關係。

這樣的舉動其實有個專業術語。他們大概沒有發現自己正在釋放「示好訊息」，這是指阻止負面感受失控的一切言論或行動——不論可不可笑。「示好訊息」是幸福夫婦的秘密武器，不過許多幸福夫婦並不知道自己正在使用如此強大的秘密武器。夫妻若有強韌的友情，自然擅長傳送示好訊息給對方，也能正確解讀出對方傳達的示好訊息。但是兩人若處於負面感受主控的狀態，就算是直截了當的示好訊息，如「嘿，我很抱歉」，也可能沒有效果。

示好訊息的成敗會決定婚姻是走向康莊大道還是崎嶇小徑，而成敗關鍵取決於兩人的友誼。雖然乍聽之下簡單明瞭，再往下多讀幾頁，你會發現一點也不容易。想要增強自己和另一半的友誼，不是只要當個「好好先生」那麼容易。即使你認為和對方的友誼已夠穩固，可能仍會驚訝地發現婚姻裡的友誼總有加強空間。很多夫妻在知道大家面對婚姻衝突時都會搞砸後，往往會因此感到安慰。但其實，示好訊息能不能發揮功效才是重點。

婚姻裡大多數的爭執是無法解決

在最穩固的婚姻裡，丈夫與妻子是共享生命的深層意義。他們不只是「一起生活」，他們還支持對方的希望與抱負，一同建立兩人生活的目的。前面提到夫妻相互敬愛與尊重，指的就是這個。

沒有做到這點的婚姻往往會讓夫妻陷入無止盡、無意義的爭吵，或在婚姻裡感到孤立與寂寞。看過無數夫妻爭吵的影片後，我能肯定地說，造成大多數爭吵的原因絕非馬桶蓋要不要掀起來，或是輪到誰去倒垃圾。這些表面的衝突隱藏著更深的問題，使得這些小衝突愈演愈烈，傷害愈來愈大。

一旦了解這個道理，你就能夠接受一項關於婚姻的驚人事實：大多部分婚姻裡的爭執都是無法被解決的。夫妻們經年累月試圖改變對方的想法，卻徒勞無功。這是因為夫妻間大多數的爭執都源自根本的差異，如生活方式、個性或價值觀。在這些差異上爭論只會浪費雙方的時間與破壞關係。

不過這不代表你對於充滿衝突的婚姻完全無能為力，而是意味傳統解決衝突的方法並無法帶來幫助。你需要做的是找到造成兩人衝突的根本差異，然後藉由彼此敬愛與尊重，學習與這些差異共處。唯有如此才能共築兩人生活的意義與目的。

以往夫妻想要共同建立婚姻生活的意義與目的，只能靠自己的洞見、直覺與上天所賜的好運。然而，不論各位現在婚姻狀況如何，只要遵循本書這七大法則，就能看見顯著且正面的變化。

想要改善兩人關係，首先要明白如果沒有遵循這七大法則會出現什麼狀況。這可以從那些無法挽回婚姻的夫妻身上清楚看到。了解失敗的例子能避免重蹈覆轍，或加以挽救。一旦明白為何有些婚姻會失敗與七大法則如何能避免這些悲劇發生，你就開始朝改善雙方關係的方向邁進。

第二章　如何預測兩人的未來

妲拉和奧利弗面對面坐在愛情實驗室裡。快要三十歲的兩人自願參加我們的新婚夫婦研究。參與這項研究的夫妻有一百三十對，除了同意研究人員檢視他們的婚姻生活，他們還同意接受錄影。其中有五十對夫婦待在這裡過夜，妲拉和奧利弗是其中一對。從分析這些夫妻與他們的互動，能預測他們未來會不會順利走下去。

妲拉和奧利弗表示，兩人的生活雖然忙亂，但卻很快樂。妲拉晚上在念護校，奧利弗是電腦軟體工程師，上班時間相當長。與許多夫妻一樣，包括那些婚姻圓滿或走上離婚的夫妻，妲拉和奧利弗承認自己的婚姻並不完美。但是他們表示很愛對方，並承諾廝守到老。當他們談到要一起建立的生活，兩人都露出燦爛的笑容。

我們要求他們花十五分鐘的時間，試著解決兩人正在爭論的某個問題，並讓我們把過程錄下來。討論的過程中，他們身上的感測器會測量各種循環系統（如心跳速度），來偵測他們的壓力程度。

我預期他們的討論中多少會帶有一些負面的聲音，畢竟他們是被要求吵架。雖然有些夫婦解決爭議時能夠語帶體諒並面帶微笑，但大多數夫妻都是劍拔弩張，妲拉和奧利弗也不例外。妲拉認為奧利弗沒有幫忙分擔家事，奧利弗則表示妲拉太嘮叨，反而讓他更沒動力去做家事。

聽完他們敘述問題後，我擔憂地向同事預告，妲拉和奧利弗的婚姻會愈來愈不快樂。四年後，他們果然快要離婚。雖然還住在一起，兩人卻過著寂寞的生活。雙方已變成婚姻的幽魂，徘徊於他們曾經覺得充滿活力的婚姻。

我預測他們的婚姻會觸礁不是因為他們爭吵。夫妻互發脾氣不是預測離婚的因素。其他參與研究的新婚夫婦在接受錄影的十五分鐘內吵得比他們更兇，但這些夫婦卻有幸福的婚姻。怎麼吵架是我預測妲拉和奧利佛將來會分開的線索。

＊關係破裂的第一個特徵：尖銳的開場

開場方式是預測這兩人的討論（與婚姻）會愈來愈不妙的最明顯指標。妲拉一開始就態度非常負面且充滿指控。當奧利弗談起做家事時，她馬上諷刺地說：「根本沒在做。」奧利弗想要緩和氣氛，便開玩笑說：「就像我們討論過要寫一本書叫『男人都是豬』。」妲拉卻面無表情。他們繼續討論，想要找到一個讓奧利弗分擔家事的方法。妲拉說：「我很想要解決這件事，但似乎總是沒有辦法。我做過家事分配表，卻沒有效果；我試著讓你自己去做，等了一個月你什麼也沒做。」這時她開始責怪奧利弗。基本上她傳達的訊息是：做家事不是問題，奧利弗才是問題。

當討論開始出現批評或譏誚（輕蔑的一種），就是一種「尖銳的開場」。雖然妲拉輕聲細語對奧利弗說話，她的話語卻帶有濃厚的否定意味。聽他們討論約莫一分鐘，就能料想兩人最後根本無法解決歧見。這個案例顯示，即使討論的過程雙方有許多「示好」的舉動，只要使用尖銳的開場，討論的結果必然是負面的。由數據可以看出，從十五分鐘對話的前三分鐘就可以預測結果，準確率達96％！尖銳的開場註定討論失敗。如果你用這種方式開始討論，不妨暫停一下，深呼吸後再重新來過。

＊關係破裂的第二個特徵：「婚姻滅亡四騎士」出現

妲拉使用尖銳的開場是一種警訊，這顯示她和奧利弗或許有相當嚴重的問題。他們接下去討論時，我持續想找出某些類型的負面互動。有幾種負面互動如果放任不管，經常發生會對婚姻有致命破壞力，我稱為「婚姻滅亡四騎士」。這四位騎士通常依照下列順序騎進婚姻：批評、輕蔑、辯解、放棄溝通。

第一位騎士：批評。人們總免不了抱怨住在一起的人，但是抱怨與批評有天壤之別。抱怨是針對另一半沒做到的特定事情，批評的範圍則大多了，它會加入負面的字眼描述配偶的個性或性格。「你昨晚沒有清廚房，我真的很生氣，我們明明說好要輪流做的」，這是抱怨。「你怎麼這麼健忘？我討厭老是要幫你清廚房，明明就是輪到你，你卻一點也不在乎」，這是批評。抱怨的焦點是某個特定行為，批評則透過責備與人身攻擊，讓情況變得更糟。有一句話能讓所有抱怨變成批評，那就是：「你到底是怎麼搞的？」

尖銳的開場常化身成批評出現。你可以觀察妲拉的抱怨很快就變成批評，請聽聽她怎麼說：

妲拉：我很想要解決這件事，但似乎總是沒有辦法（單純抱怨）。我做過家事分配表，卻沒有效果；我試著讓你自己去做，等了一個月你什麼也沒做（批評。她在暗示都是他的錯。就算真的是他的錯，責備只會讓問題變得更嚴重）。

以下的例子說明抱怨與批評的不同。

抱怨——車子沒油了。你不是說要去加油嗎？

批評——你怎麼老是忘東忘西？跟你說過一千遍要去加油，你都沒去。

抱怨——邀請別人來我們家吃晚餐前，你應該先問我，我今晚原想和你獨處的。

批評——你為什麼總是把朋友看得比我還重要？你總是最後才會想到我。今晚應該只有我們兩人共進晚餐才對。

很多人或許會從前面的批評看見自己或另一半的影子。第一位騎士是婚姻裡的常客，所以如果你發現自己和另一半會互相批評，別以為你們就會離婚。只有當批評過於頻繁才會對婚姻造成威脅，因為這會為另一位破壞力更強大的騎士引路。

第二位騎士：輕蔑。妲拉沒有停止對奧利弗的批評。不久她開始嘲諷他。奧利弗建議列出他應該要做的家事，貼在冰箱上提醒他。妲拉回答：「你真的覺得紙條對你有用嗎？」奧利弗告訴妲拉，他回家後需要十五分鐘的時間放鬆一下，再開始做家事。妲拉反問：「所以你覺得只要給你十五分鐘，你就會充滿動力跳起來去做家事嗎？」

「或許會。我們還沒試過，對吧？」奧利弗問。

此時妲拉有機會軟化自己的態度，但她卻諷刺地回答：「我覺得有一件事你做得很好，就是回家躺著休息或溜進浴室去。」然後她又質問他：「所以你認為只要給你十五分鐘就能解決一切問題嗎？」

諷刺和譏誚是輕蔑的一種，辱罵、翻白眼、嘲諷、嘲笑與惡意嘲弄也是。**不論是哪種形式的輕蔑（這是四騎士中最可怕的一位），都會對關係造成傷害，因為它傳達出一種厭惡感。**如果傳達給另一半的訊息是厭惡或反感，想要解決兩人之間的問題恐怕很難。輕蔑只會帶來更多衝突而非和解。

彼得是位鞋店經理，對人態度很輕蔑，至少對妻子是如此。聽聽他和妻子辛希雅討論兩人迥然不同的花錢觀。他說：「只要看看我們的車子和衣服有多不同就知道，我們的個性與價值觀是南轅北轍。妳嘲笑我自己洗卡車，自己卻付錢請人來洗車。我們花了一大筆錢買妳的車，妳卻連動手洗車也不肯。我覺得妳非常過分，這應該是妳最驕縱的行為。」這是輕蔑態度的經典範例。彼得不光點出兩人花錢方式的不同，他還控訴妻子有驕縱的品德問題。

辛希雅說，以她的身型很難自己洗車。彼得不理會這個解釋，繼續強調自己的好品德。「我自己保養車子是因為這樣可以開比較久。我沒那種『大不了再買一台』的心態，而妳似乎就是這樣想。」

辛希雅還是希望彼得能理解她，所以她說：「如果你能幫我一起洗車，我會很高興，也會很感激。」彼得沒有抓住這個和解的機會，他反而想挑起戰火。

彼得反駁問道：「妳有幫過我一起洗車嗎？」

辛希雅再度示好，希望能與彼得和解。「如果你願意幫我一起洗我的車，我會幫你洗車。」

但是彼得並不想和解，他想要好好訓斥她一頓。所以彼得說：「妳沒回答我的問題。妳有幫過我一起洗車嗎？」

辛希雅回答：「從來沒有。」

彼得說：「看到了嗎？這就是我覺得妳沒有責任感的地方。就像……如果妳父親買一棟房子給妳，妳會叫他來替妳刷油漆嗎？」

「那如果我定期幫你洗車，你也會定期幫我洗車嗎？」

「我不確定我想要妳幫我。」彼得邊說邊笑。

「那你可以定期幫我一起洗車嗎？」辛希雅又問。

「有空，我會幫妳。我可不會一輩子都擔保。妳能怎樣，難道告我嗎？」彼得問，然後又笑起來。

聽這段對話，很明顯彼得的目的就是要羞辱他的妻子。當他說：「只要看看我們的車子和衣服有多不同，就知道我們的個性與價值觀是南轅北轍」或「我沒那種『大不了再買一台』的心態」，其實他是想假借超高的品德標準來包裝自己對妻子的輕蔑。

對另一半長期的負面觀感會醞釀成輕蔑。夫妻兩人之間的歧見若沒有解決，就容易產生這樣的想法。彼得和辛希雅第一次爭執金錢問題時，彼得當然不是如此無禮。他可能只是稍稍抱怨說：「我覺得妳應該自己洗車，老是請別人洗車很浪費錢。」由於他們一直沒找到共識，彼得的抱怨轉變成全面性的批評，如：「妳總是揮霍金錢。」隨著衝突的延續，他對辛希雅也愈來愈感到厭惡、煩膩。這樣的轉變導致他說出那些話。

咄咄逼人是輕蔑的親戚，對兩人關係也有致命的破壞力。這是一種含有侵略性的憤怒，因為它帶有威脅或挑釁。當妻子抱怨丈夫太晚回家，趕不上晚飯時間，咄咄逼人的回應會是：「妳現在想怎樣？」當彼得對辛希雅說：「妳能怎樣，難道告我嗎？」他覺得自己在開玩笑，但其實是在咄咄逼人。

第三位騎士：辯解。想想彼得的態度是多麼令人討厭，辛希雅會為自己辯解是很正常的反應。她表示自己並不像丈夫所想的那樣常常出去給別人洗車。她解釋以她的身型要自己洗車，並不像彼得洗自己的車那樣容易。

雖然可以理解辛希雅為什麼替自己辯解，但是研究顯示，辯解很難達到預期的效果，攻擊的一方不會因此停止或道歉。原因是辯解其實是一種責怪對方的方式。基本上它所傳遞的訊息是：「問題不在我身上，而在你身上。」辯解只會使衝突加劇，所以對婚姻會造成嚴重的傷害。當辛希雅告訴彼得，以她的身型，要自己洗車是很困難的一件事，彼得並沒有回說：「喔，現在我才明白。」他漠視她的理由，根本不理會她說什麼。他將自己的高品德旗幟舉得更高，宣告他把車子照顧得多好，暗示她被寵壞了才沒有這樣做。辛希雅贏不了的，他們的婚姻也是。

批評、輕蔑與辯解不會按照順序一個一個闖進婚姻。它們會以接力賽的方式出現，不斷交棒，不斷循環——如果兩方找不到方法阻止的話。奧利弗和妲拉繼續討論打掃的話題時，我們就可以從中發現這種接力賽模式。他們兩人雖然看起來在尋找解決辦法，但妲拉的態度卻變得越來越輕蔑，她藉由質問來嘲笑奧利弗，並推翻他的每個建議。奧利弗愈為自己辯解，妲拉就愈去攻擊他。妲拉的肢體語言透露出傲慢，她的語氣雖然輕柔，但雙肘靠在桌上，互扣的雙手輕托著下巴。彷彿一位法學院教授或法官，她不斷質問奧利弗，希望看到他坐立難安的樣子。

妲拉：所以你認為只要給你十五分鐘休息就能解決一切問題嗎？（冷笑）

奧利弗：不是，我不認為這能解決一切問題，但如果配合提醒的紙條，列出我每週要做的家事……何不寫在月曆上？這樣我就能馬上看見。

妲拉：就像我在你的行事曆寫下待辦事項，你有完成嗎？（更加輕蔑地嘲笑）

奧利弗：我白天不一定有時間去看行事曆。（辯解）

妲拉：所以你覺得你有時間去看月曆？

奧利弗：有啊，隨時隨地。如果我進度落後，妳應該問問我的狀況。但事實是妳沒有關心我的狀況，只是對我說：「你沒做這個，也沒做那個。」妳應該問：「你沒做家事的原因是什麼？」比方說，有天晚上我熬夜為妳做履歷。諸如此類的事情常常發生，妳卻從沒考慮到。（辯解）

妲拉：我就沒有臨時幫你做事嗎？（辯解）

奧利弗：有，妳有……我想妳需要休息一下。

妲拉（語氣諷刺）：嗯。看來我們達成許多共識。

奧利弗和妲拉顯然沒有達成任何共識，這是因為兩人之間充滿批評、輕蔑與辯解。

第四位騎士：放棄溝通。夫妻如果像妲拉和奧利弗一樣使用尖銳開場，伴隨而來的批評與輕蔑會導致夫妻為自己辯解，辯解又會帶來更多輕蔑，產生更多辯解……直到其中一方厭倦。這種反應預告第四位騎士即將到來。

比方說，丈夫下班後用看報紙躲避妻子一連串的批評砲轟。他愈不回應，妻子吼得愈大聲。最後他起身走出客廳，不想面對妻子。逃離妻子讓他躲避一場爭執，但也逃避了自己的婚姻，放棄溝通。雖然丈夫與妻子都可能這麼做，但這種行為較常見於男性，我們之後會看到原因。

兩人正常對話時，聽者會給予講者各樣回應，表示自己正在聆聽，比如說，眼神接觸、點頭或說「是」、「嗯」之類的話。但逃避者不會給予這類自然的反應，他們通常會望向別處或低頭不語，彷彿一道石牆，毫無反應，表現出一副就算聽見了也毫不在乎的樣子。

放棄溝通多半出現在其他三位騎士之後，因此較少見於新婚丈夫，如奧利弗，而較常見於經歷過惡性循環的夫婦。前三位騎士帶來的負面感受需要一段時間醞釀才會變得令人難以承受，此時停止溝通成為一個合理的「出口」——這正是馬克的觀點。馬克和太太麗塔爭論雙方在派對上的行為，麗塔認為馬克不應該喝太多酒，但馬克認為麗塔的反應更不恰當，因為她在他朋友的面前對他大吼，讓他十分難堪。以下是他們吵架過程中的對話：

麗塔：現在問題又回到我身上。我向你抱怨，但我卻成為問題所在，每次都是這樣。

馬克：是，我知道每次都這樣（停頓）。但是妳亂發脾氣和幼稚的舉動讓我和我的朋友都很難堪。

麗塔：誰教你在派對上不能喝得節制一點……

馬克：（低頭、避免眼神接觸、沉默——馬克停止溝通）

麗塔：因為我認為（笑），我們大致上感情不錯，真的很不錯（笑）。

馬克：（繼續逃避。保持沉默，沒有眼神接觸、點頭示意、臉部表情或任何聲音）

麗塔：你不覺得嗎？

馬克：（沒有反應）

麗塔：馬克？喂？

＊關係破裂的第三個特徵：情緒衝擊過大

麗塔或許認為她的抱怨對馬克沒有任何效果，不過事實正好相反。當人們感到情緒衝擊太大時，通常會放棄溝通來保護自己。從另一半而來的負面觀點，不論是批評、輕蔑或甚至是辯解，太過於強烈和突然時，會讓人感到極度震驚，嚇到不知所措。你感覺自己就像個手無寸鐵的人，面對狙擊手的攻擊，完全無從防衛，只好學會盡力避免類似的情況重演。你愈常淹沒在另一半的批評和輕蔑，就愈格外警覺對方要再度開始「轟炸」的警訊。為了保護自己不受另一半一波波猛烈的攻擊，你只好從這段關係抽離自己的情緒。我們不意外馬克和麗塔現在已經離婚。

保羅是另一位為人夫者，他相當坦白地說明妻子艾美的情緒變得負面時，他停止溝通的原因。他在下面的對話清楚說明了放棄溝通者的感受。

艾美：當我開始生氣時，你應該要介入，試著緩和一下我的情緒。但你卻開始不說話。對我而言，你的沉默等於「我不在乎妳的感受」。這會讓我覺得自己很不重要，似乎我的意見或感受與你毫無關係。這不應該是婚姻的相處之道。

保羅：我想表達的是，如果妳想好好地討論事情，就不要一直大吼大叫，而且妳會開始說一些很傷人的話。

艾美：當我覺得受傷、憤怒，我也希望你覺得受傷，就會開始說那些話。這時候我們都應該暫停一下。我應該說：「對不起，」而你應該說：「我知道妳想要討論這件事，我應該好好回應妳，不應該忽略妳。」

保羅：我會回應，只要等到……

艾美：等到你想講的時候。

保羅：不，等到妳不再尖叫大吼，不再暴跳如雷。

艾美不斷告訴保羅，當保羅關閉自己時她的感受會如何。但是艾美似乎沒聽進去保羅說他自我封閉的原因：他無法處理從她而來的敵意。這對夫婦後來就離婚了。

習慣使用尖銳開場和四騎士一直出現，會不斷造成無助感，由此可以預測婚姻是否會觸礁。雖然這些因素都能單獨成為預測離婚的依據，但通常它們會同時出現在不快樂的婚姻裡。

＊關係破裂的第四個特徵：肢體語言

就算沒有聽見馬克和妻子麗塔的對話，光看馬克的生理數據，也能預測兩人未來會離婚。我們測量夫妻在激烈爭執中的生理變化時發現，情緒衝擊的感受對身體造成極大的壓力，其中最明顯的反應是心跳加速，受測者的心跳會狂飆至每分鐘一百下以上，甚至有人高達每分鐘一六五下（對照正常心跳速度：三十歲男性為每分鐘七十六下，三十歲女性為每分鐘八十二下）。荷爾蒙也會產生變化，如分泌腎上腺素，這是使身體產生「作戰或逃跑」力量的激素。此外血壓也會攀升。這些生理變化相當劇烈，因此丈夫或妻子若常常在爭執時感到情緒衝擊，就容易推測他們日後會離婚。

反覆陷入情緒衝擊的困境會導致離婚的原因有兩個。一是這代表在面對彼此時，至少有一人感覺非常痛苦，二是情緒衝擊造成的身體變化，如心跳加速、冒汗等反應，讓人幾乎無法有效地進行對話與解決問題。人在爭吵時身體會進入加速運作的狀態，這是從史前時代老祖先遺傳下來的原始警報系統。以前，那些心跳加快和冒汗這種令人不舒服的反應，是因為身體認為你目前的處境很危險。雖然我們的時代已有器官移植與基因圖譜等，但從演化的觀點來看，我們距離山頂洞人的時代還不算太遙遠，因此人類身體面臨恐懼的反應還沒有進化。換句話說，不論你面對的是一隻齜牙咧嘴的老虎，還是另一半用輕蔑的態度質問：「為什麼永遠不記得把馬桶坐墊放下，」身體的反應都一樣。

與對方討論的過程中，如果出現心跳加速或其他面臨壓力時的生理反應，最後的結果肯定很糟。因為此時你處理訊息的能力會降低，使你更難專注聽另一半在說什麼，完全想不出來什麼好的解決辦法，腦袋只剩下最簡單的本能反應：作戰（批評、輕蔑或辯解）或逃跑（逃避）。任何解決問題的機會已經流逝。這樣的討論大多只會使原本的情況更糟。

家庭衝突對男性身體會造成較大的傷害

會放棄溝通的人之中，八成五是丈夫，原因不是男人有缺陷，而是人類演化的結果。人類學證據顯示我們是由原始人類演化而來。原始人類的生活裡，男女角色有嚴格限定，因為這樣有利於在嚴峻的環境中生存。女人專門照顧小孩，男人負責集體狩獵。

任何在哺乳的母親都知道乳汁分泌的多寡與心情放鬆的程度有關，放鬆的感覺與大腦分泌的催產素有關。根據物競天擇，經歷壓力後能快速平復的女性比較適合生存下來，因為保持鎮靜的女性可以提供較多養分給孩子，提高孩子生存的機會。男性則剛好相反。對早期的集體狩獵者而言，保持警戒是很重要的生存技能，因此能快速分泌腎上腺素又不容易鬆懈的男性，比較可能生存下來並繁衍後代。

直到今日，男性的心血管系統仍然比女性的反應更迅速，也較慢從壓力狀態中恢復。舉例來說，如果男女都忽然聽見一聲巨響，如爆胎的聲音，男人的心臟很可能會跳得比女人快，且心跳加快的反應也比女人久——這是加州大學柏克萊分校的羅布雷特．李文森（Robert Levenson）博士與他的學生羅倫．卡特（Loren Carter）的研究結果。血壓方面也一樣，男人的血壓會升得比較高，維持升高的狀態也會比較久。阿拉巴馬州大學的心理學者陀夫．齊曼（Dolf Zillman）博士則有以下發現：男性受測者遭受刻意的粗魯對待後，被告知放鬆心情二十分鐘，此時他們的血壓會攀升且維持在高壓狀態，直到他們報復對方為止。但是女性遭受同樣的待遇，卻能在二十分鐘內冷靜下來。（有趣的是，當女性被勉強去報復時，她們的血壓會再度升高！）婚姻衝突會激發警戒狀態，對男性的身體造成較大的傷害，難怪男性比女性更傾向逃避婚姻衝突。

男女生理反應的不同也會影響他們對婚姻壓力的看法。我們的部分實驗要求夫妻觀看自己吵架的影片，然後回答當感測器偵測到他們感到不知所措時，那時的想法為何。從受測者的回答可看出男性比較容易有負面想法，使自己沉浸在痛苦；女性則比較容易去想些可以撫慰心情的事，使自己恢復冷靜並釋出和解的善意。大多數男性要嘛覺得自己才是對的，不然就是感到憤憤不平（「我想要報復」，「我不該遭受這種待遇」），這樣的想法會導致輕蔑或咄咄逼人的態度；又或者他們會認為自己是無辜承受妻子的憤怒與怨言的受害者（「為什麼她老是怪我？」），而想為自己辯解。

顯然並非所有男女都符合這樣的分類。不過研究發現，大多數夫妻面對壓力的生理與心理反應確實符合上述的性別差異。由於這些差異，大多數的婚姻（包括健康快樂的婚姻）都會有類似的衝突模式：天生較能處理壓力的妻子會主動提起敏感議題，較不擅長處理壓力的丈夫則試圖避開這些話題。因此丈夫們會開始防衛、停止溝通，或者為了使妻子閉嘴，甚至變得咄咄逼人或態度傲慢。

不要因為婚姻出現以上模式，就假定自己可能會離婚。事實上，穩定的婚姻裡也有四騎士的身影，甚至也有讓人不知所措的時候。但是四騎士如果「定居」下來、如果其中一人常常感到情緒衝擊，這個婚姻的問題就嚴重了。在婚姻裡經常感到情緒衝擊終必導致兩人關係疏離，然後帶來孤單感。若無外界的幫助，夫妻最後不是離婚，就是維繫一段已死的婚姻。在已死的婚姻裡，夫妻兩人在一個家中過著獨立平行的生活，他們或許會一起做一些事，如參加孩子的話劇表演、舉辦家族活動、全家去度假，但是他們不再有情感交流。兩人都呈現放棄狀態。

＊關係破裂的第五個特徵：無效的示好訊息

四騎士與隨之而來的情緒衝擊需要一段時間醞釀才會在婚姻裡肆虐，不過很多時候只要從新婚夫婦的一段對話，就能預測兩人是否會分手，因為藉由分析夫妻發生的爭執，可以看出兩人可能會有的爭執模式。在這個模式裡有一個重要關鍵：就是他們的示好訊息能不能發揮作用。前面提過，示好訊息是夫妻討論敏感議題時，試圖緩解緊張氣氛的做法（如「我們暫停一下」或「等等，我需要冷靜一下」）。這些做法能讓雙方喘口氣，避免陷入情緒衝擊的困境。

除了能緩和夫妻的緊張情緒，示好訊息還能減輕壓力，使人不致心跳狂飆、情緒無法負荷，因此可以挽救婚姻。如果四騎士主宰了夫妻的對話，示好訊息往往會被忽略。尤其當感受到情緒衝擊時，更是無法聽出對方的和解之意。

在不快樂的關係裡，四騎士與無效的示好訊息會形成一個反饋迴路。夫妻之間愈多輕蔑與辯解，就會愈讓人不知所措，然後愈難聽見、回應示好訊息。示好訊息被忽略後，輕蔑與辯解會顯得更加強烈，使人更不知所措，然後更難察覺後面的示好訊息，如此不斷循環，直到其中一方決定放棄。

因此只需要聽一段對話，就能預測夫妻是否會離婚。無效的示好訊息是婚姻不幸福的明確指標。只用四騎士預測離婚，準確度大約只有82%。但是四騎士加上無效的示好訊息，準確度可達90%。雖然有些夫妻在吵架時會動用四騎士，但是他們能成功修補四騎士所造成的傷害。在這樣的情況下（示好訊息在四騎士出現後能發揮作用），這些夫妻大多會有幸福穩定的婚姻。事實上，愛搬出四騎士但能成功示好的新婚夫婦裡，有八成四的人在六年後擁有幸福穩定的婚姻。但是夫妻之間若沒有示好訊息，或示好訊息被忽略，兩人關係就會岌岌可危。

有效的示好訊息能穩固關係

在快樂的婚姻裡，會出現各種有效的示好訊息。每個人都有屬於自己的方法。吐舌頭是奧莉薇亞和納桑尼的方法，其他夫妻則用大笑、微笑或道歉。就算是惱怒地說「喂，不要再對我大吼」或「你離題了」也能化解緊張氣氛。這些示好訊息能穩固關係，因為它們會阻止四騎士定居下來。

示好訊息的成敗與表達者的口才無關，而是取決於婚姻本身的狀態。使我明白這個道理的是哈爾與茱蒂，他們的婚姻相當幸福。哈爾是一名化學家，由於做研究的緣故，他往往要到最後一刻才能確定趕不趕得上回家用晚餐。雖然茱蒂明白哈爾無法控制工作的時間，這樣的狀況還是讓她很苦惱。他們在我們實驗室討論這個問題時，茱蒂表示孩子們都要等到他回家才願意吃晚餐，所以用餐的時間都很晚，她不喜歡這樣的狀況。哈爾聽了以後，建議她先給孩子一些點心，讓他們可以撐一段時間。茱蒂一臉不可置信，慍怒道：「不然你以為我都在幹嘛？」

哈爾知道自己搞砸了。他不僅完全不知道自己家裡的狀況，還低估妻子的智力。在不快樂的婚姻裡，哈爾的回答很容易引發大吵。結果接下來發生什麼呢？由於所有證據都顯示他們的婚姻美滿，我推測哈爾會說一些精心修飾的示好訊息，但他只是傻傻一笑。茱蒂大笑出來後，兩人繼續討論。

哈爾的傻笑能起作用是因為他們的婚姻運作良好。當奧利弗與妲拉在討論家事時，奧利弗企圖用笑聲軟化妲拉的方法卻失敗了。四騎士一旦住進婚姻以後，即使是最清楚、最細膩、目標明確的示好訊息可能也會毫無效果。

諷刺的是，我們看見婚姻出問題的夫妻比婚姻平順的夫婦使用更多示好訊息，因為他們愈失敗就愈努力嘗試。聽見夫妻其中一人不斷拋出各種示好訊息但卻都沒有效果，其實頗令人心酸。究竟什麼因素能決定示好訊息的效果？什麼因素能預測示好訊息的成敗？待會我們會看見答案：就是夫妻間的友誼品質，還有第一章提過的「由正面感受主控」。

＊關係破裂的第六個特徵：糟糕的回憶

如果婚姻關係充滿負面感受，不只夫妻現在與未來的生活可能出現問題，連他們的過去也會遭受波及。從婚姻史的訪談可以一再發現，對另一半和婚姻若有根深蒂固的負面想法，通常也會改寫過去的回憶。只要詢問夫妻早期的戀愛史、婚禮與第一年的新婚生活，就能預測出他們離婚的機率，即使他們目前的狀況我們還不清楚。

大多數情侶結婚時都抱持很高的希望與期待。婚姻快樂的夫婦通常會深情地追憶早年的時光。即使婚禮過程沒有十全十美，他們會記住精采的部分，而非糟糕的時刻，對彼此的記憶也是如此。他們記得從前的積極樂觀、記得認識對方時的興奮、記得他們多麼欣賞對方。談起兩人共度的困難日子，他們會感謝所經歷的逆境，並從其中汲取力量。

但是婚姻生活若不順利，過去的歷史則會被改寫，變得更糟。現在她只記得舉行婚禮儀式時，他遲到三十分鐘。他則記得婚禮預演的晚會上，她在和伴郎聊天，或說她在和他的朋友「調情」——他現在是如此認為。想不起過去的事是另一個可悲的徵兆，這表示這些回憶對你太不重要或讓你感到痛苦，所以選擇讓往事隨風而逝。

彼得和辛希雅並非老是在爭執洗車的事或其他金錢議題。如果翻開他們的相簿，肯定會看見他們許多早年在一起時的快樂回憶，但這些回憶早已褪色。當我請他們描述以前的時光，他們清楚交代戀愛時期與婚姻生活的具體事實後，就沒再多說什麼。辛希雅描述他們第一次碰面的地方是她當收銀員的唱片行。她從彼得的簽帳單上得知他的名字與電話，便打電話詢問他是否喜歡所購買的CD，然後開始第一次約會。

辛希雅表示一開始被彼得吸引是因為他要上大學了，而且說話風趣，長相又好看。彼得插說：「我想是因為我有卡，」暗諷兩人目前在金錢上的爭執。彼得似乎很難想起第一次見面時被她吸引的點。他回答：「嗯……（停頓許久）老實說我不知道。我從不歸納成一個原因，我覺得那樣很危險。」

被問到以前喜歡一起做的活動，他們都想不太起來。「我們不是會去野餐之類的？」辛希雅問，彼得聳肩。當他們講到決定結婚的原因，兩人同樣是一片空白。彼得說：「我想婚姻能鞏固兩人的關係，也是合理的下一步發展，基本上是這個原因。」彼得記得在一間餐廳向她求婚，他把婚戒繫在白色玫瑰花束上的白色緞帶。一切聽起來充滿希望，直到他苦笑地說：「我絕對不會忘記，她看見婚戒時，身體微微顫抖，然後看著我問：『你想知道答案？』那不是我所期待的反應。」他轉向辛希雅，然後說：「妳說這句話時沒有笑容、笑聲或其他反應，根本毫無表情，像是在說：『你這白癡。』」

「才沒有。」辛希雅微弱地說。

接下來的回憶並沒有比較好。結婚當天，彼得感染肺炎，發燒到三十九點五度。除了身體不舒服，他只記得後來與辛希雅和伴郎坐上禮車，他的朋友打開音響，重金屬樂團的歌在車上轟轟作響。辛希雅則記得她很受傷，因為許多賓客用完晚餐隨即離開。彼得想起來大家不斷用湯匙敲酒杯，要他們接吻。彼得說：「我真的覺得很煩。」總結他們的大喜之日，彼得說：「這是悲劇性的一天。」辛希雅無精打采地笑著表示同意。

由於對另一半的負面感受太過強烈，甚至無法改變，這兩人的回憶已被扭曲。當四騎士侵入、阻礙溝通，夫妻間的負面感受會迅速增強，以至於對方所做的一切或曾做過的事，都被染上負面色彩。

在快樂的婚姻裡，先生答應替太太拿乾洗的衣服，但卻忘記了，太太可能會想：「他最近壓力太大了，需要多一點睡眠時間。」她認為先生的失誤只是暫時的，是特定的情況所造成的。在不快樂的婚姻裡，相同的事件可能會讓太太認為：「他就是這麼不體貼又自私。」同樣地，表示愛意的舉動，如妻子熱情親吻下班回家的丈夫，在快樂的婚姻裡，會被視為深情又體貼的表現。但在不快樂的婚姻裡，同樣的舉動會讓丈夫覺得：「她有什麼企圖？」

這樣扭曲的觀點可以解釋為什麼另一位參與研究的丈夫，認為妻子送禮物給他、擁抱他或甚至打電話給他都是別有居心。久而久之，這位先生改變了對婚姻的想法，創造出十分負面的劇本。他每次爭執都覺得自己一定是對的，並因此忿忿不平。對太太的負面看法讓他持續沉浸在痛苦裡。只要一有衝突，他立刻情緒難以承受。他已經習慣用負面的眼光審視妻子和這段婚姻，最後離婚。

兩人平時的相處才是婚姻幸福的關鍵

若婚姻走到夫妻改寫過去回憶的階段，夫妻的身心幾乎不願再溝通、解決現有問題，這段婚姻幾乎註定要失敗。這階段的夫妻會發現自己經常處於高度警戒的狀態，因為他們總是預期會開戰，婚姻對他們而言變成一種折磨。可以想見最後結果就是：夫妻不再經營這段關係。

有時候，婚姻步入末期階段的夫婦會來尋求諮詢。他們表面上看起來沒什麼問題。兩人沒有爭執、態度輕蔑或逃避，幾乎什麼互動也沒有。他們平靜、疏離地談著兩人的婚姻與衝突。看起來他們的問題並沒有那麼嚴重。但是事實上，夫妻雙方或其中一方早已將情感從婚姻中抽離。

有人選擇以離婚來離開婚姻，也有人選擇住在一起，但各過各的生活。不論是哪一種方式，夫妻關係末期有四個階段，代表婚姻喪鐘響起。

1. 認為婚姻問題相當嚴重。
2. 商量討論似乎都無效，只好靠自己解決問題。
3. 開始各過各的生活。
4. 感到孤寂。

性地忽略對方的生活細節。夫妻雙方或其中一方可能只模糊知道另一半的樂趣、喜好、厭惡的事物、恐懼與壓力來源。丈夫可能喜愛現代藝術，但妻子卻不知道原因，也不知道丈夫最愛的藝術家是誰。或者丈夫不記得妻子朋友的名字，也不記得那位讓妻子害怕的同事常常會算計她。

相反地，**快樂的夫婦十分熟悉彼此的世界**，也就是擁有內容豐富完整的「愛情地圖」。這個愛情地圖是指夫妻腦中儲存另一半生活裡所有相關訊息的地方。換句話說，這些夫婦保留大量的認知空間給他們的婚姻。他們記得對方生命裡的重大事件，而且只要對方的世界出現實質或感受上的變化，他們就會更新資訊。所以當太太為丈夫點沙拉時，她會要求把沙拉醬放在旁邊。如果妻子很晚才下班，丈夫會錄下她最愛的電視節目，因為他知道播出的頻道與時間。他知道妻子對老闆的評價，也清楚知道從電梯走到妻子辦公室的路線。她知道他害怕與自己父親太像，因為他認為自己擁有的是「自由的靈魂」。這類夫妻深知對方的人生目標、煩惱與希望。

沒有像這樣的一張愛情地圖，你不可能真正了解另一半。如果沒有真正了解對方，又怎能真正愛對方呢？

愛情地圖能保護婚姻

對彼此的了解不僅能培養愛情，還能產生度過婚姻風暴所需的堅強力量。如果夫妻擁有詳載對方世界的愛情地圖，他們比較能夠面對壓力的狀況與衝突。舉個例子，第一胎孩子的出生是夫妻不滿意婚姻關係與離婚的主因之一。在我們的新婚夫婦研究裡，有67%的夫婦成為新手爸媽後，婚姻滿意度便驟降。剩下的33%並沒有這樣的轉變，事實上，當中有半數的人認為婚姻更好。

是什麼造成這兩個群組的差異？第一胎出生以後，婚姻依舊穩健的夫婦從一開始就擁有詳盡的愛情地圖。這是艾莉森・夏皮洛（Alyson Shapiro）對五十對夫婦進行研究後得到的發現。愛情地圖能在夫妻經歷劇烈改變後發揮作用，保護他們的婚姻。由於丈夫或妻子已經習慣不斷更新並密切注意對方的感受與想法，所以他們不會失去方向。如果一開始對另一半沒有深刻的認識，婚姻很容易因為生活劇變而失去方向。

瑪姬與肯恩認識不久後決定結婚共組家庭。雖然缺乏愛情長跑的基礎，他們卻用親密的關係補足。除了對另一半的生活有基本了解，如最愛的嗜好、運動等等，他們也知道對方心中最深的渴望、信念與恐懼。不論有多忙，他們總把對方視為優先，一定會找時間了解對方今天過得如何。他們每週至少外出一次吃晚餐與聊天，他們會談政治、天氣與自己的婚姻。

他們的女兒艾莉絲出生後，瑪姬決定辭去資訊工程師的工作，在家照顧小孩。這個決定讓她也很訝異，因為她一直對工作很有衝勁。但是成為一位母親後，她生命的根本意義已經改變。為了艾莉絲，再大的犧牲她都願意。如今她想要把兩人欲買遊艇的存款提撥到艾莉絲的大學基金。瑪姬的轉變和許多新手媽媽一樣——為人母的體驗是如此深刻，以至於自己的身分認定與價值觀也重新調整。

肯恩剛開始對於妻子的轉變感到很困惑。這個他以為他了解的女人正在自己眼前轉變。但由於兩人常有緊密的互動，肯恩能夠隨時得知瑪姬的想法與感受。新生兒的到來往往會讓丈夫跟不上變化（第九章會詳述這方面的問題與處理方法）。趕不上妻子蛻變的丈夫可能會無法理解，或因此怏怏不樂。不過對肯恩而言，了解瑪姬一直是他最重要的事，所以他和許多新手爸爸不一樣，沒有躲開這個由媽媽與小孩組成的新小團體。他們一起經歷成為父母的轉變，在過程中沒有忽略對方與這段婚姻。

如果缺乏詳盡的愛情地圖，新生兒的誕生就會是讓夫妻迷失方向的一件人生大事。任何重大的轉變，如工作的變化、罹患疾病或退休，都會造成相同的影響。時間的流逝也有同樣的效果。但是如果愈認識與了解對方，就愈能在生命變化中保持連結。

愛情地圖評量

請誠實回答下列的問題，來了解自己目前愛情地圖的品質如何。為了正確解讀婚姻裡的愛情地圖，雙方都應回答下列問題。

讀完每個問題，然後圈選「是」或「否」。

1. 我能說出另一半最好朋友的名字。「是」「否」
2. 我能說出另一半目前正承受的壓力。「是」「否」
3. 我能說出幾個最近惹惱配偶的人。「是」「否」
4. 我能說出一些另一半的人生夢想。「是」「否」
5. 我非常清楚另一半的宗教信仰與理念。「是」「否」
6. 我能說出另一半的基本人生哲學。「是」「否」
7. 我能列出另一半最不喜歡的親戚名字。「是」「否」
8. 我知道另一半最愛的音樂。「是」「否」
9. 我能列出三部另一半最愛的電影。「是」「否」
10. 我的另一半清楚我目前的壓力是什麼。「是」「否」
11. 我知道另一半生命裡最特別的三個時刻。「是」「否」
12. 我能說出另一半小時候經歷過壓力最大的一件事。「是」「否」
13. 我能列出另一半人生中最大的抱負與希望。「是」「否」
14. 我知道另一半目前最煩惱的事情。「是」「否」
15. 我的另一半認識我的朋友是誰。「是」「否」
16. 如果另一半忽然中樂透，我知道他／她會怎麼做。「是」「否」
17. 我能詳細說出對另一半的第一印象。「是」「否」

18. 我會定期詢問另一半的現況。「是」「否」

19. 我覺得另一半相當了解我。「是」「否」

20. 我的另一半清楚知道我的希望與抱負。「是」「否」

計分方式：每圈選一個「是」，即得一分。

十分（含）以上：愛情地圖是你們婚姻裡的一項優勢。配偶的日常生活、希望、恐懼與夢想都詳細記載在你的愛情地圖裡。你知道怎樣「搞定」對方。如果你的分數落在這個區間，你可能會覺得下面有關愛情地圖的練習很簡單、很容易拿高分。這些練習可以提醒你和另一半的關係有多緊密。千萬不要輕看兩人之間的認識與理解。要繼續維持下去，你們才有足夠的能力處理婚姻裡的突發問題。

十分以下：你婚姻裡的這個愛情地圖還有改善的空間。或許你沒有時間或方法來好好了解另一半。又或者你們的愛情地圖經過幾年生活的改變之後，變得老舊。不論是哪一種情況，現在就花些時間更認識另一半，你會看見兩人關係因此變得更加堅韌。

夫妻之間沒有什麼禮物能勝過被認識與被理解的喜悅。認識你的另一半不該是件苦差事，所以下面第一個練習其實是個遊戲。在過程中，你不但會覺得有趣，還能擴展並加深對另一半的認識。

練習二：二十道愛情地圖問答題

以好玩的態度一起玩這個遊戲。愈常常玩，就愈能了解愛情地圖的概念，也就知道如何運用在自己的婚姻裡。

步驟1：請夫妻雙方都拿出紙、筆，從1到60當中隨意選擇二十個數字，然後將數字寫在紙張左邊成一欄。

步驟2：下面列出有編號的問題，從剛才寫下的那一欄數字，由上往下，找出對應數字的問題，然後問另一半。如果對方的答案正確（由你來當評審），就可以得到這個問題的指定分數，你也能得到1分。如果對方的答案錯誤，兩人在這一題都得不到分數。輪到你作答時，規則亦相同。等到雙方都回答完二十道題目，分數較高的人即是贏家。

1. 說出兩位我最要好的朋友。（2分）
2. 說出我最喜歡的樂團、作曲家或樂器。（2分）
3. 第一次見面時，我穿什麼衣服？（2分）
4. 說出一項我的嗜好。（3分）
5. 我的出生地在哪裡？（1分）
6. 我目前正面臨什麼壓力？（4分）

41. 我最喜歡哪個電視節目？（2分）
42. 我喜歡睡在床的右邊還是左邊？（2分）
43. 最讓我難過的事是什麼？（4分）
44. 說出一件我擔心或煩惱的事情。（4分）
45. 我擔心哪方面的健康問題？（2分）
46. 說出我最難堪的一刻。（3分）
47. 我童年最糟糕的回憶是什麼？（3分）
48. 說出兩位我最敬佩的人。（4分）
49. 說出我最大的競爭對手或敵人。（3分）
50. 就我們共同認識的人裡面，我最討厭誰？（3分）
51. 說出一道我最愛的甜點。（2分）
52. 背出我的身份證字號。（2分）
53. 說出一本我最愛的小說。（2分）
54. 我最愛的餐廳是哪一間？（2分）
55. 說出兩個我的抱負、希望或願望。（4分）
56. 我有沒有藏在心裡的雄心壯志？是什麼樣的雄心壯志？（4分）
57. 我討厭吃什麼食物？（2分）

58. 我最喜歡什麼動物？（2分）
59. 我最喜歡哪一首歌？（2分）
60. 我最喜歡哪支球隊？（2分）

只要你們願意，可以常常玩這個遊戲。玩愈多次，就愈能明白愛情地圖的概念，愈清楚自己該注意哪些有關另一半的資訊。

練習二：繪製你們的愛情地圖

現在你比較清楚愛情地圖的概念了，接下來請更專注地記錄關於兩人生活的愛情地圖。即使這些地圖「全存在腦海」，把一些基本的訊息寫下來會有所幫助。如果認為現有的愛情地圖已不夠用，或像大多數人一樣，覺得愛情地圖已經老舊，請多花一點時間在這項練習上。把自己當成記者，用下面的問題訪問對方（如果另一半在忙，你可以先獨力完成這份訪問表。不過一起分享顯然是這項練習的主要好處）。輪流扮演聽眾與講者的角色，並直接把答案寫在問題下面（建議把答案寫在另外一張紙上，或者準備一個筆記本，把本書所有練習的答案寫在上面）。不要評論對方的答案，或給對方建議。記得任務只是發現真實狀況，目標是聆聽並認識你的伴侶。

關於出現在另一半生活中的人

朋友：

可能的朋友：

對手、競爭者、「敵人」：

另一半最近生命裡的重大事件

即將發生的事件

（另一半正期待發生的事？正擔憂的事？）

另一半最近的壓力

另一半最近的煩惱

另一半的希望與抱負（為自己？為他人？）

雖然這個練習只是讓你概要地了解另一半的生活，但這確實能增進彼此之間的認識。做過這個練習的人表示，這個練習充滿驚喜，使他們更加了解對方。比方說，在先生單刀直入地問太太的希望與抱負是什麼之前，他從來不知道太太多麼渴望成為一位作家，她對銀行的工作感到如此沮喪，但同時也完全不知道先生最近心情煩躁是因為換了新的老闆，他擔心自己的工作表現，與她母親來訪無關。

上面的練習能幫助兩人找出目前生活的輪廓、拓展愛情地圖。不過愛情地圖不應只有廣度的擴展，還需要深度。下面的練習能確保你的愛情地圖亦有深度。

練習二：認識自己

夫妻愈認識彼此的內心世界，兩人的關係會愈深厚、愈令人滿足。這個練習的目的是協助你探索自我，並與另一半分享探索的結果。即使你和對方認為自己相當直接坦率，請還是完成下面的練習。夫妻之間總有更多可以分享的。生活會改變一個人，不論是你，還是你的另一半，與五年前、十年前或五十年前說出結婚誓言的時候可能已經不同。

本練習中有許多令人震撼的問題，請確認有足夠的時間和個人空間，認真回答這些題目。做這個練習時，最好保留一段不會被打擾的時間，沒有工作要做或事情要忙，不用回電話給他人或照顧小孩（或其他人）。基本上，你不可能一次回答所有問題，也不用嘗試一次做完。你可以分成幾個段落慢慢完成。

盡可能誠實回答每個段落的所有問題。可以不用回答每個問題裡的所有面向，只回答與自己生活相關的部分即可。不妨把答案寫在日誌本或筆記本。如果覺得要寫下這麼多很困難，可以用大綱的形式回答，但是寫下答案的過程對這項練習的效果十分重要。回答完所有問題後，請和另一半交換筆記本，與對方分享自己寫的內容。討論彼此所寫的，以及當中新增的訊息對婚姻和加深兩人友誼的意義。

我的成功與奮鬥

1. 你的人生中有什麼讓自己特別驕傲的事？寫下自己大獲成功的時候、實際情況比預期還順利的時候、熬過試煉與苦難後情況好轉的時候。要包括忍受並克服壓力與痛苦的時候、對你意義重大的小事件、童年時期或最近發生的事件、自我的挑戰、感到力量強大並享受榮耀與勝利的時刻、以及擁有的美好友誼等等。

2. 這些成功的經驗如何形塑你的人生？它們如何影響你看待自己與自己的能力？它們如何影響你的目標與奮鬥的目的？

3. 榮耀感（包括感到自豪、被稱讚、稱讚他人）在你的人生扮演什麼角色？在小時候，父母有沒有向你表達過他們以你為榮？他們如何表達？其他人如何回應你的表現？

4. 父母有沒有向你表達過他們愛你？如何表達？家人之間是否也會表達關愛之意？如果沒有，這對你的婚姻帶來怎樣的影響與結果？

5. 你的成就所帶來的榮耀感在婚姻裡扮演什麼角色？你奮鬥的經歷在婚姻裡又扮演什麼角色？你希望另一半知道有關自己哪方面的事？過去、現在與未來的計畫？你們如何表達以對方為榮？

我經歷的傷痛與療癒

1. 你曾經歷過哪些困難或痛苦的時刻？寫下你所承受的嚴重羞辱與傷害、失去的東西、失望、考驗與苦難。同時寫下感到壓力與束縛的時刻，還有感到絕望、無助與孤寂的沉默時刻。另外請寫下童年時期或長大成人後遭遇過的深刻創傷，包括感情帶來的傷害、受到羞辱的經驗，甚至是被猥褻、虐待、強暴或折磨的經驗。

2. 你如何走出這些創傷？這些創傷對你造成什麼難以抹滅的影響？

3. 你如何使自己堅強並療癒自己？如何平撫自己的委屈？如何使自己振作起來並恢復正常？

4. 你做了哪些舉動保護自己，不讓這些事情再度發生？

5. 這些傷害與你保護、療癒自己的方式，對現在的婚姻有什麼影響？你希望另一半知道你在這方面的哪些事？

我的情感世界

1. 當你還是孩子的時候，家人如何表達下列情緒？
   - 憤怒
   - 悲傷
   - 恐懼
   - 愛
   - 對彼此的興趣

2. 在你童年時期，家人是否有特殊的情緒問題？如父母互相挑釁、父親或母親抑鬱寡歡、父親或母親有情感上的傷害。這對你的婚姻與其他人際關係（友誼、與父母的關係、手足關係、與孩子的關係）有什麼關聯性？

3. 寫下你表達情緒的方式，尤其是悲傷、憤怒、恐懼、自豪與愛。對於哪一種情緒，你有表達上的困難？或是另一半表達出哪種情緒時會讓你難以承受？你對這種情緒的基本看法為何？

4. 你和另一半在情緒表達上有哪些差異？這些差異的背後有什麼含意？這些差異對你而言代表了

什麼？

我的使命與身後之事

1. 想像你正站在墓園裡，看著自己的墓碑。請你寫下希望在墓碑上看到的文字，請以「這裡躺著一位……」作為墓誌銘的開頭。
2. 請你為自己寫一篇悼念文（長短不拘）。你希望別人對你的一生有什麼評價？你希望別人怎樣紀念你？
3. 請寫下你的人生使命。你人生目標是什麼？意義是什麼？你希望有哪些成就？你在哪方面格外努力奮鬥？
4. 你希望過世以後能留下什麼？
5. 你還有什麼尚未完成的重要目標？或許是發明某個東西或擁有某種體驗。舉幾個例子：學彈鋼琴、登山等等。

我希望成為怎樣的人

花點時間想想前面所寫的內容。我們全都很想變成自己想要成為的那個人。在努力的過程中，我們都有心魔必須面對並克服。

1. 請描述你希望成為怎樣的人。

2. 你要如何幫助自己成為那樣的人？
3. 朝這個方向努力的過程中，你已經遇到哪些困難？
4. 你已經對抗過哪些心魔？或是仍在對抗哪些心魔？
5. 你最想要改變自己的哪個部分？
6. 你放棄了哪些夢想？或未能實現哪些夢想？
7. 你希望五年後過著怎樣的生活？
8. 你希望成為的那個人有什麼特別的故事？

不斷深入瞭解彼此，分享自己內心世界，對婚姻維繫至關緊要

以上的練習與問題能幫助你更深刻了解自己，並發展出一張詳細記載兩人生活與世界的愛情地圖。不斷更深入認識另一半並與對方分享自己內心世界是非常重要的。事實上，這是一輩子的功課。所以請抽空重複上述的練習，更新對自己與彼此的認識。想一些問題去問對方，比如說：「如果重新裝潢我們的房子，你想怎麼設計？」或「你最近覺得工作還好嗎？」

不過愛情地圖只是第一步。幸福的夫妻「不只」了解對方，他們以互相了解為基礎，然後透過許

多重要的方式增進對彼此的認識。比方說，他們不只用愛情地圖表達對彼此的了解，同時也表達出愛戀與愛慕對方的心意，這正是第二個法則的基礎。

第四章　法則2：培養愛戀與愛慕

還記得羅理醫生嗎？那位愛情地圖與郵票一樣大、不知道家裡的狗叫什麼名字的丈夫。羅理的妻子麗莎多年以來都容忍這位工作狂丈夫。不過一年前的聖誕節是他們婚姻的轉捩點。這一天，羅理當然也在工作。麗莎決定要來個聖誕節聚餐，於是她帶著孩子去醫院。

當他們在候診間享用餐點時，羅理開始責罵麗莎，他憤怒的臉像是戴了一張面具。他告訴麗莎，他厭惡這樣的聚餐驚喜。「妳幹嘛這樣？真丟臉。其他醫生的太太都不會這樣。」忽然間，一位住院醫生打電話到候診間找羅理。羅理接起電話的瞬間，他的臉柔和起來，聲音變得熱忱、溫暖並友善。當他掛上電話，轉身面對麗莎時，他的臉龐再次充滿憤怒。麗莎頓時無法克制自己，她以前也遇過這樣的情形。顯然她的丈夫也是能體貼溫柔，只是對象不是她。她立刻收拾起聚餐的食物，然後帶孩子回家。

不久之後，麗莎開始晚上獨自出門。過一段時間以後，羅理提出離婚。不過他們決定嘗試婚姻諮商，作為解決兩人爭執的最後努力。他們剛開始時沒有任何進展。與婚姻諮商師進行第一次晤談時，麗莎試圖與羅理和解，但是羅理卻無法善意回應她的示好訊息。

當他們同意讓我錄下兩人上某個電視訪談節目的互動時，我發現他們婚姻裡的一線希望。羅理在被問到兩人早年交往的日子時，開始回想他們的第一次約會，他的臉竟然亮了起來。他表示麗莎與他不一樣，她來自傳統家庭，被父母保護得很好，毫無約會經驗。羅理知道得花好長一段時間，才能讓她和她的家人接受他，但他願意等。以下是他們回憶早年交往的對話片段：

羅理：我想她非常緊張，我大概知道她緊張的原因，是一些文化上的觀念讓她還得去適應。因此我知道這會花上好長好長一段時間。所以我一點也不緊張，因為我知道現在只是五年馬拉松的第一階段。

麗莎：你是說我們第一次約會時，你就有個五年的計畫？

羅理：或許那很誇張，但我知道肯定超過一頓午餐的時間。

麗莎：哇。

討論至此，羅理和麗莎已握著對方的手。麗莎露出燦爛的笑容。羅理從未敘述過追求她的行動計畫。這一小段回憶聽起來或許不夠戲劇化，但對受過訓練的觀察者而言，這樣的互動有更深刻的意義，能為他們的婚姻帶來希望。羅理和麗莎對早期交往的美好回憶顯示兩人互相對立的表面底下，仍有愛戀與愛慕的微光閃爍。這表示他們基本上依舊認為對方是值得被尊重與喜愛的。

如果夫妻仍懷有愛戀與愛慕對方的心，他們的婚姻就有挽回的餘地。我不是說挽救羅理和麗莎那樣陷入困境的婚姻是一件簡單的事，不過這是有可能的。他們的諮商師使用類似本書前幾頁的練習，讓他們明白自己可以發掘出更多的正向情緒，並藉此挽救這段婚姻。

兩年後，這對夫妻的生活已徹底改變。羅理重新安排他的工作行程，還訓練一位住院醫師分擔大部分他以前獨力完成的工作。現在他天天回家陪麗莎與孩子吃晚餐。他和麗莎晚上會一起出門，特別是一起去跳民族舞蹈。儘管兩人都曾讓對方極其痛苦，但他們挽救了這段婚姻。

在一段令人滿足且長久的愛情關係裡，愛戀與愛慕是兩個最重要的元素。幸福的夫妻有時候或許會被另一半的性格缺點搞瘋，但是他們仍然覺得對方是值得尊敬與重視。如果這種感覺已完全消失，這段關係就難以被挽回。

正面觀感是面對逆境時的有力緩衝

正如羅理和麗莎的例子，**檢測夫妻是否仍然愛戀與愛慕對方，最好的方式是看他們如何回憶過去。**如果你們目前的狀況非常糟糕，被問及感情現況時，兩人都不太可能說出什麼好的話。但如果是討論兩人的過去，夫妻往往能發現正面情緒的殘火餘燼。

當然有些人對過去沒有任何一丁點的正向情感。原因是夫妻之間的敵視對立像致命的癌細胞，已經轉移並破壞了過去的美好回憶。從彼得和辛希雅身上（那對討論妻子洗車習慣的夫婦），我們看到這樣可悲結果。彼得的輕蔑與辛希雅的自我辯解摧毀了兩人的婚姻。當他們被問到相同的問題，也就是有關早年交往的事情時，可以明顯看出兩人之間的愛意已逝。他們不太記得剛開始交往的事。被問到以前約會常做的事，他們向對方投以「求助」的眼神，然後沉默地坐著，兩人都絞盡腦汁，努力回想。彼得想不起當時辛希雅讓他欣賞的任何地方。他們的婚姻已無法挽救。

與上面相反的例子是邁克與裘絲汀，他們是我們新婚夫婦研究裡的另一對夫妻。當被問及婚姻史時，他們兩人都顯得神采奕奕。他們的婚禮很「完美」、蜜月很「精采」。這顯示他們不只對過去有正面的回憶，而且他們的記憶很清晰。裘絲汀記得他們兩人唸同一所高中，邁可早她幾年入學。邁克是學校裡的運動明星，她非常迷戀他，甚至從報紙上剪下他的照片，收藏在剪貼簿（第四次約會時，裘絲汀向邁克坦白這件事，並給他看剪貼簿）。幾年以後，裘絲汀跟著邁克的養姊（裘絲汀的朋友）在週末一起去邁克的大學找他，兩人正式交往。

邁克立刻察覺裘絲汀就是他的真命天女，但他擔心裘絲汀不喜歡他。裘絲汀咯咯地笑著描述，自己在那週結束時，發現邁克在她的包包塞了一封信，表明他對她的感覺。邁克表示：「我從來沒有積極追求過女生，她其實是我第一個追求的女孩，我知道她很特別。」

他們回憶起以前兩人散步閒談的時光，還有邁克在學校時兩人天天通信的日子。邁克說，那時唯一美中不足的地方就是：「不在裘絲汀的身邊，我實在太想她了。」裘絲汀則表達出她對邁克的愛戀與愛慕，還有邁克多讓她覺得驕傲。她說：「老天，如果我不嫁給他，其他人就會嫁給他。我要趁還有機會，趕快跟他在一起。」邁克說：「我也會看其他女孩，但是我並不想和誰在一起，我只想和她在一起。我想和她結為夫妻，讓所有人知道她對我有多重要。」裘絲汀想起兩人如何共同面對邁克的一位朋友，這人不滿裘絲汀佔用了邁克太多時間。但是邁克說：「我朋友沒搞清楚，是我自己把時間獻給裘絲汀。」

得知邁克與裘絲汀的婚姻生活依舊美滿，我們並不訝異。因為對另一半與婚姻基本上抱持著正面觀點，當在面對逆境來襲時，自然便會產生強而有力的緩衝。正因為邁克與裘絲汀擁有正面情感的存款，每次兩人爭執時才不會冒出分居與離婚的毀滅性念頭。

兩人之間的愛戀與愛慕能防止關係生變

「婚姻幸福的夫婦互相喜歡對方，若夫妻互不喜歡對方，他們的婚姻也不會快樂。」這句話乍聽之下非常淺顯，甚至淺顯得可笑。但是夫妻之間的愛戀與愛慕有可能變得脆弱不堪，除非兩人隨時記得愛戀與愛慕對夫妻的友誼至關重要，而**夫妻的友誼是所有美滿婚姻的關鍵**。即使你們正努力接納彼此的缺點，單單提醒自己另一半具備的正向特質，就能預防幸福的婚姻生變。這當中的道理很簡單，就是：**愛戀與愛慕是輕蔑的解藥**。如果你尊重另一半，就可能不太會因為意見相左而厭惡對方。因此**愛戀與愛慕能避免夫妻被四騎士徹底擊垮**。

如果兩人之間的愛戀與愛慕已消失殆盡，婚姻則岌岌可危。缺乏另一半值得尊敬與重視的重要信念，夫妻怎麼可能會有令人滿足的關係？有許多夫妻就和羅理與麗莎一樣，彼此之間的愛戀與愛慕已經少到微乎其微，不過，雖然愛慕之火看似已滅，但餘燼仍在。朝餘燼煽風是拯救這類婚姻的首要步驟。

愛戀與愛慕評量

請回答下列問題，來評量你們目前對彼此的愛戀與愛慕程度。

讀完每個問題，然後圈選「是」或「否」。

1. 我可以馬上列出另一半讓我敬佩的三件事。「是」「否」
2. 當我們分開時，我會常常想念另一半。「是」「否」
3. 我會常用不同的方式，告訴另一半「我愛你」。「是」「否」
4. 我常常深情地撫摸或親吻另一半。「是」「否」
5. 另一半真的很尊重我。「是」「否」
6. 我在這段關係中感受到愛與關懷。「是」「否」
7. 我感受得到另一半對我的接納與喜歡。「是」「否」
8. 另一半覺得我很性感並充滿魅力。「是」「否」
9. 另一半能挑起我的性慾。「是」「否」
10. 這段關係裡有激情與熱情。「是」「否」
11. 這段關係裡絕對還有浪漫的存在。「是」「否」
12. 我真心以另一半為榮。「是」「否」
13. 另一半真心樂見我的成就與成功。「是」「否」
14. 我可以馬上說出與另一半結婚的原因。「是」「否」
15. 如果有機會再選擇一次，我會和同一個人結婚。「是」「否」

16. 我們睡前一定有向對方表示愛意的舉動。「是」「否」
17. 另一半看見我走進房間時會很開心。「是」「否」
18. 另一半很感謝我為這個婚姻所做的事。「是」「否」
19. 另一半大致上喜歡我的個性。「是」「否」
20. 整體而言，我們滿意我們的性生活。「是」「否」

計分方式：每圈選一個「是」，即得一分。

十分（含）以上：對另一半的愛戀與愛慕是你們婚姻裡的一項優勢。由於你們對彼此的評價很高，這會形成一道屏障，保護你們不被兩人之間的負面感受淹沒。或許你認為相愛的人本來就會互相尊重，不過隨著時間流逝，夫妻往往會淡忘對另一半的愛戀與愛慕。請記住兩人之間的愛戀與愛慕是十分值得珍惜的禮物。請抽空複習本章的練習，增強對彼此的正面感受。

十分以下：你們之間的愛戀與愛慕還有改善的空間。不要因為分數低而感到氣餒。許多夫妻之間的愛戀與愛慕還沒有消失，只是深埋在層層的負面觀感、傷害與辜負底下。喚醒這些藏在深處的正向感受，關係就會有大幅的改善。

如果兩人之間的愛戀與愛慕已被漸漸蠶食，想要找回這些感覺的第一步就是明白它們有多重要。愛戀與愛慕是確保兩人關係會一直幸福的關鍵，因為它們能防止輕蔑在生活裡肆虐，而輕蔑是扼殺婚姻的四騎士之一。**輕蔑有腐蝕性，長期下來會侵蝕兩人之間的感情。對另一半愈常保持深刻的正面觀感，愈不容易因為意見不同而輕視對方。**

回想過去的快樂回憶，找回對彼此的愛

喚醒或增進雙方之間的愛戀與愛慕其實並不複雜。只要透過回憶與描述，即使是埋藏已久的正向感受也能被挖掘出來。心裡想著另一半，想想愛此人的原因。如果覺得這麼做很生疏，或是因為壓力或憤怒而無法回答此「自由發揮題」，下面的練習可以提供幫助。這些練習看起來很簡單，但卻有驚人的效果。當你肯定並公開討論另一半與這段婚姻的優點，你們的感情會被鞏固，使你們更容易找出婚姻裡的問題點，帶來正面的改變。只要你們願意，可以常常做這些練習。這些練習並非僅適用於婚姻出問題的夫婦。如果你們的婚姻很穩定幸福，這些練習也是添增浪漫的絕佳方法。

練習一：我欣賞你……

1.	愛心	2.	敏銳
3.	勇敢	4.	聰穎
5.	周到	6.	大方
7.	忠誠	8.	真誠
9.	堅強	10.	活力十足
11.	性感	12.	果決
13.	創意	14.	想像力
15.	幽默	16.	魅力
17.	有趣	18.	鼓勵
19.	詼諧	20.	體貼
21.	深情	22.	條理分明
23.	足智多謀	24.	體格強壯
25.	樂觀正向	26.	井然有序
27.	典雅	28.	優美
29.	溫和	30.	逗趣
31.	關心他人	32.	摯友
33.	情緒高昂	34.	節儉
35.	準備萬全	36.	害羞
37.	脆弱	38.	竭力付出
39.	全心投入	40.	善於表達
41.	主動積極	42.	細心
43.	含蓄	44.	冒險精神
45.	靈活變通	46.	可靠
47.	負責	48.	值得信賴
49.	悉心呵護	50.	溫暖
51.	陽剛健壯	52.	和藹可親
53.	溫柔	54.	務實
55.	精力充沛	56.	說話風趣
57.	從容自在	58.	美麗
59.	英俊	60.	富裕
61.	冷靜	62.	活潑
63.	偉大的丈夫／妻子	64.	盡責的父母
65.	果斷自信	66.	保護慾強
67.	甜美	68.	柔和
69.	有影響力	70.	有彈性
71.	善解人意	72.	傻得可以

請從右邊的列表圈選三項你認為另一半所具有的特質。如果不只三項，圈選三項即可（下次練習時，可以圈選其他三項）。如果找不出三項，請儘量擴大這些特質的定義，即使只能想到一個例子證明另一半有某方面的特質，也請圈選。

圈選出另一半的特質後，請稍微回想另一半展現出這些特質的實際例子。請採用下列格式，把這些特質與例子寫在筆記本或日誌本中。

1. 特質：

例子：

2. 特質：

例子：

3. 特質：

例子：

現在請與另一半分享所寫的內容，讓另一半知道你重視這些特質的原因。

練習二：婚姻史與婚姻哲學

談論過去的快樂回憶能讓大多數夫妻受益良多。透過下列的問題，羅理與麗莎找回對彼此的愛戀與愛慕。一起完成這個練習能喚醒兩人剛開始在一起的回憶，並想起當初結婚的原因。你們需要幾個小時才能完成這個練習。可以邀請一位好朋友或親人來當訪問者，或是自己讀出問題，再一起討論。這些問題沒有標準答案，它們只是用來協助你們回想當初決定一起生活時，你們心中的愛與對婚姻的觀點。

第一部分：婚姻史

1. 談談你們相遇、交往的經過。當時對方有什麼特別之處嗎？你們對彼此的第一印象為何？
2. 第一次約會時，什麼事情讓你們印象最深？有哪些特別的事情？你們認識多久才結婚？你們對於認識對方到結婚以前這段期間有什麼印象？請談談這時期最美好的時刻，或關係緊張的時刻。你們在一起時會做什麼事情？
3. 談談你們是怎麼決定要結婚。世界上有這麼多人，你如何認定他／她就是你想要結婚的人？對你而言，這是個容易還是困難的決定？你們當時在談戀愛嗎？請談談那時的情況。
4. 你們是否記得結婚當天的事？告訴對方你那天的記憶。你們有度蜜月嗎？還記得什麼？
5. 你們對婚後第一年還記得什麼？當時是否需要做什麼調整？
6. 請談談成為父母的過渡期。和另一半聊聊這段時期的事情。你們兩人覺得當時如何？
7. 回顧過去幾年，婚姻裡有哪些時刻讓你們感到無比幸福？成為夫妻後，你們有哪些美好時光？這些美好時光是否隨時間而改變？
8. 許多婚姻都有順境與逆境，你們的婚姻是否也是如此？請描述你們婚姻裡部分的順境與逆境。
9. 回顧過去幾年，婚姻裡有哪些時刻讓你們感到艱辛難熬？你認為你們沒有分開的原因為何？你們如何渡過這些艱難時刻？
10. 有哪些你們一起做的事情能為你們帶來快樂，但你們卻不再做了？與對方一起探究。

第二部分：婚姻哲學

11. 請兩人各自說說看婚姻成敗的原因。就你們共同認識的夫妻中，你們認為誰的婚姻特別幸福？誰的婚姻特別糟？這兩種婚姻的差異在哪？你們認為，這兩種婚姻與自己的婚姻有何異同之處？

12. 與另一半談談你父母的婚姻。你認為父母的婚姻與你們的婚姻是類似，還是很不一樣？

13. 為你們的婚姻做一張圖表，標示出重大的轉捩點、美好的時光與艱難的時刻。你最快樂的時期是什麼時候？另一半最快樂的時期是什麼時候？你們的婚姻隨著時間過去有什麼改變？

大多數夫妻發現，一起回憶過去的日子能立刻為兩人的關係充電。回答以上的問題往往能使夫妻想起兩人當初決定結婚時的愛與期待。對那些認為婚姻已經沒救的夫婦，這些回憶能帶來一絲希望的曙光，支持他們努力挽救兩人關係。只要抽空重複做以上的練習，夫妻或許能挽救並鞏固對彼此的愛戀與愛慕。但如果夫妻之間的負面感受已經根深蒂固，則需要長期、更有規劃的方法，我們將在下一個練習中介紹。

練習二：培養愛戀與愛慕的七週課程

這個練習的目的是訓練夫妻不在對方身邊時，能用正面的角度看待對方。如果你是處於憤怒與壓力之中，或覺得與另一半的關係很疏遠，很可能容易聚焦在對方的缺點。這樣會導致你常常憂慮，反過來讓你覺得雙方關係更加疏遠，而愈發感到孤單。這個練習會訓練你專注想著另一半的優點，即使兩人相處並非十分融洽，也可藉此抑制上述的傾向。

以下每天的練習包含一句正面的話與一項任務。當另一半不在身邊時，好好思考此練習裡的每日一句話，並在當天對自己反覆讀個幾遍。有時候當天的話可能不適用於另一半或自己婚姻的狀況，尤其是兩人的愛戀與愛慕已經轉淡的時候。請記住這個練習的每日一句不一定要符合你們婚姻的現況。如果能想到某個適用於當天那句話的例子或事件，請專注在那段回憶。舉例來說，如果覺得最近另一半並不怎麼吸引你，就請專注在對方能吸引你的部分。另外請確實完成每日一句下面的簡單任務。不論你對這段的關係或對另一半的感覺如何，請完成每日的練習。即使你剛才大發雷霆，或覺得兩人非常疏遠，都請不要停止練習。

這個練習聽起來或許很蠢或做作，不過卻是根據大量研究所設計，也就是反覆做正向思考會帶來力量。這個方法是認知治療的根基之一，已被證明可以有效幫助改善憂鬱症。憂鬱症的人可能會思緒混亂，以極度負面的角度思考所有事情，使自己更加絕望。但是如果長期努力調整心態，採用正向的思維，這種絕望感是可以被消除的。

本練習是一項實驗，目的為婚姻注入希望。請練習用更積極正向的角度看待對方與兩人關係。正如所有練習，練習次數夠多，這些正面話語（尤其是當中的正向思想）就會成為直覺反應。

注意，由於大多數夫妻週一至週五並非整天在對方身邊，因此以下的練習以週一至週五為基準，但可以視個人的時間加以調整（比方說，週末上班的人），只要一週有五天的練習時間即可。

第一週

星期一

句子：我真心喜歡我的另一半。

任務：列出另一半吸引你或討你喜歡的一項特點。

星期二

句子：我可以馬上說出婚姻裡的美好時光

任務：挑選一段美好時光，然後用一句話描述。

星期三

句子：我清楚記得婚姻裡浪漫又特別的時刻。

任務：挑選某一時刻，仔細回想。

星期四

句子：另一半的身體很吸引我。

任務：想想另一半吸引我的一項身體特徵。

星期五

句子：另一半的某些特質讓我感到驕傲。

任務：寫下一項讓你感到驕傲的特質。

第二週

星期一

句子：這段婚姻讓我真實感受到我們是「共同體」，而非「獨立個體」。

任務：想出一個兩人的共同之處。

星期二

句子：我們擁有相同的信念與價值觀。

任務：描述一項兩人的共同信念。

星期三

句子：我們有一致的目標。

任務：列出一項共同目標。

星期四

句子：另一半是我最好的朋友。

任務：另一半會想知道你什麼秘密？

星期五

句子：我從婚姻裡得到許多支持。

任務：回想某次另一半給你大力支持的情形。

第三週

星期一

句子：我的家是一個給予支持並抒解壓力的地方。

任務：寫下某次另一半幫助你抒解壓力的情形。

星期二

句子：我清楚記得我們第一次見面的時候。

任務：請將第一次見面的情況寫下來。

星期三

句子：我記得當初決定結婚時的許多細節。

任務：將你記得的內容用一句話描述出來。

星期四

句子：我記得我們的婚禮與蜜月。

任務：描述當中你最開心的一件事。

星期五

句子：我們共同分擔家事。

任務：描述你們如何分攤家事。如果沒做到分攤的部分，請決定一件你願意做的家事（如洗衣服）。

第四週

星期一

句子：我們有能力好好規劃並管理兩人共同的生活。

任務：描述一件你們兩人共同計畫的事。

星期二

句子：這段婚姻讓我感到驕傲。

任務：列出這段婚姻讓你感到驕傲的兩件事。

星期三

句子：我的家庭讓我感到自豪。

任務：回想某次讓你特別自豪的場景。

星期四

句子：我不喜歡另一半的某些特質，但是我能夠包容。

任務：說出一個你已經接受的小缺點。

星期五

句子：比起大多數我見過的婚姻，我們的婚姻幸福許多。

任務：舉一個你所知道很糟糕的婚姻。

第五週

星期一

句子：我真的很幸運能遇見我的另一半。

任務：列出與另一半結婚的一項好處。

星期二

句子：婚姻有時候必須經過一番努力與掙扎，但這是值得的。

任務：回想兩人共度的困境之一。

星期三

句子：我們非常愛對方。

任務：今晚預備一個驚喜的禮物送給另一半。

星期四

句子：我們真的對彼此有好感。

任務：想出兩人可以去做或討論的趣事。

星期五

句子：我們認為對方是很好的同伴。

任務：計畫一起出遊。

第六週

星期一

句子：我們的婚姻裡有許多恩愛時刻。
任務：回想某次兩人一起去的特別旅行。

星期二
句子：我的另一半是個有趣的人。
任務：想一件有趣的事，詢問另一半你們兩人都會有興趣的部分。

星期三
句子：我們會認真回應對方。
任務：寫一封情書，寄給另一半。

星期四
句子：如果有機會再選擇一次，我會和同一個人結婚。
任務：為慶祝結婚週年（或其他原因），計畫一趟旅行。

星期五
句子：我們非常尊重彼此。
任務：計畫一起去上課（例如社交舞），或是告訴對方最近讓你欽佩的一件事。

第七週

星期一
句子：婚姻裡的性生活通常（能夠）令我相當滿意。

任務：為你們兩人計劃一個激情的夜晚。

星期二

句子：我們費盡千辛萬苦才能夠在一起。

任務：想一想兩人共同成就的所有事情。

星期三

句子：我認為我們可以共度所有婚姻風暴。

任務：回憶兩人如何共度患難。

星期四

句子：我們欣賞對方的幽默感。

任務：找一部喜劇片一起觀賞。

星期五

句子：我的另一半非常可愛。

任務：盛裝打扮，共度一個優雅的夜晚。如果不喜歡這類活動，可以規劃其他夜晚活動。

七週過後，你們應該會發現自己對另一半與婚姻的觀點變得正向許多。讚美對方對兩人關係只有好處沒有壞處。不過為了確保這些好處能延續下去，你們需要尊重與愛慕對方。下一章將談到如何以尊重與愛慕為基礎，改善或喚起兩人關係裡的浪漫感。

第五章　法則3：回應而非回絕

我們錄下的影片場景都差不多，例如丈夫望著窗外說：「哇，妳看那艘船。」原本埋首雜誌的妻子會抬頭細看，然後說：「很像去年夏天我們看到的那艘大帆船耶。」丈夫則發出低沉的回應聲。

你或許認為一直看這類的片段會很無聊，不過看見夫妻有許多類似的閒聊，我能十分確定他們的婚姻會幸福。這些簡短的交談所代表的真正意義是伴侶之間的連結，也就是彼此回應。離婚或是婚姻不快樂的夫婦鮮少有這類短暫的連結，即使妻子有回應丈夫，丈夫也不認同妻子所說的話。

好萊塢電影已嚴重扭曲我們對浪漫與激情的觀念。事實上，在現實生活裡，**點燃浪漫的方式相當平凡，就是保持連結。浪漫是在每天的辛苦生活中，你時時讓另一半知道你很重視他／她。**聽起來或許可笑，不過以下場景確實能為浪漫加溫：一對夫婦在超市，妻子問：「我們的漂白水用完了嗎？」丈夫回答：「不知道，但我們可以先買一些備用。」而非事不關己地聳聳肩；或者當妳知道今天另一半的工作很不順利，在工作之餘撥出六十秒的時間，在他的手機留言鼓勵他；當你的妻子在早上說：

「我昨晚做了一個非常可怕的惡夢。」你回答：「我得趕著出門，先告訴我是什麼夢，我們晚上可以好好談談。」而非「我沒時間」。以上所有例子裡，丈夫和妻子都是選擇回應而非回絕對方。在婚姻中，夫妻定期會「爭取」另一半的關注、憐愛、同理心或支持。面對這些要求，人們的反應不是回應就是拒絕。回應另一半正是情感連結、浪漫、激情與美好性生活的基礎。

所以在愛情實驗室裡，最棒的畫面正是好萊塢電影會剪掉的畫面。但我明白這些短暫片段背後的深層意義：他們會不會一起看電視或報紙？還是各自默默地看書或滑手機？他們會不會邊吃午餐邊聊天？觀察他們令我一顆心老懸著，因為我知道回應彼此的夫妻能維繫情感，反之則不然。

累積感情積蓄，在日後遇到困難時可以派上用場

造成上述婚姻結果差異的原因，我稱之為「夫妻的感情帳戶」。**習慣回應而非回絕的伴侶就是在感情銀行存款。他們正在累積感情積蓄，可於日後遇到困難時派上用場**，例如，遭逢生活中巨大的壓力或嚴重的衝突。由於兩人已經累積一定的正面情感，當衝突來臨時，他們比較能為對方著想。即使在困境中，他們也能保持對彼此與婚姻有正面觀感。

感情帳戶的最大好處還不只是夫妻面臨壓力時能派上用場。正如前面說過，在小事上回應對方是維持愛情長久的關鍵。許多人認為燭光晚餐或海灘假期是夫妻重建感情連結的秘訣，但是真正的秘訣是在日常生活中的小事上回應對方。唯有夫妻在小事上常常溝通，使愛情的火苗不熄，在外共度的浪漫夜晚才能真正為愛情加溫。我們不難想像那對開心地回憶婚禮與戀愛過程的夫婦，他們共進燭光晚餐的畫面。但如果是那對在洗車或幾乎所有事情上都意見不同的夫婦，坐在同樣的位置，這頓晚餐很可能會徹底毀了，只充滿了控訴、指責或是令人尷尬的沉默。

浪漫指數評量

想要了解你們目前的關係（或未來的關係）是否浪漫，請回答下列問題。讀完以下每個問題，然後圈選「是」或「否」。

1. 我們喜歡一起做些生活瑣事，如摺衣服或看電視。「是」「否」
2. 我很期待和另一半一起消磨空閒時間。「是」「否」
3. 另一半在一天忙完之後，看見我會很開心。「是」「否」
4. 另一半總是很有興趣地聽我的想法。「是」「否」
5. 我很喜歡與另一半一起討論事情。「是」「否」

6. 另一半是我最好的朋友之一。「是」「否」
7. 我認為另一半把我視為非常親密的朋友。「是」「否」
8. 我們非常喜歡和對方說話。「是」「否」
9. 我們一起出門時，時間總是過得飛快。「是」「否」
10. 我們總是有聊不完的話。「是」「否」
11. 我們在一起時很快樂。「是」「否」
12. 我們在精神上非常契合。「是」「否」
13. 我們的基本價值觀大致相同。「是」「否」
14. 我們都喜歡以類似的方式共度兩人時光。「是」「否」
15. 我們確實有許多共同興趣。「是」「否」
16. 我們有許多一致的夢想與目標。「是」「否」
17. 我們喜歡做的事情很多都相同。「是」「否」
18. 即使興趣不太一樣，我還是會喜歡另一半的興趣。「是」「否」
19. 不論在一起做什麼，我們都很開心。「是」「否」
20. 另一半不順心時會告訴我。「是」「否」

計分方式：每圈選一個「是」，即得一分。

十分（含）以上：恭喜！浪漫是你們婚姻裡的一項優勢。因為你們常常會在生活中的小事中「陪伴」對方，所以已經累積一筆豐厚的感情存款，能支撐雙方度過婚姻裡的任何困境（並且避免許多困境發生）。正是這些大家很少想到的平凡時刻，像逛逛超市、摺衣服、在上班時間通個電話小聊一下，組成了婚姻裡的核心靈魂部分。感情帳戶裡的存款能使浪漫維持長久，幫助兩人度過難關、情緒低谷與人生重大的轉變。

十分以下：你們的婚姻還可以更浪漫一些。學習在日常的小事上更多回應另一半，不僅能使雙方關係更穩定，還能增添浪漫。每一次認真聆聽、回應並幫助對方，都能使兩人的關係更好。

生活中的互動，才是婚姻穩定的關鍵

要能更多回應另一半的第一步驟，就是明白這些平凡的時刻有多重要，它們不僅能使兩人的關係穩定，還能使浪漫感延續。光是了解到不應該把日常互動視為理所當然這點，就已經為兩人的關係帶來重大改變。記得如果想要提升婚姻的強度與熱情，兩人之間的互動會比出國度假兩週更有效果。下面的練習能提供幫助，讓回應彼此成為一件簡單又自然的事。

練習一：感情帳戶

牢記在各種平凡小事上與另一半有情感的連結，對於婚姻有莫大幫助。但是對一些夫妻而言，如果將感情帳戶「具體化」，效果最好。你可以做一本簡單的帳簿，記錄自己每天回應另一半的次數，每次回應可以得到一分。你不必紀錄另一半說話時自己點頭幾次，但可以記下諸如此類的事情：「上班時，打電話給XX關心會議進行得如何。」或者「把XX的車開去洗」。

千萬別把感情帳戶變成一種競賽或是交換條件，比較雙方帳戶的「結餘」，看看誰為誰做了什麼。這種心態會使練習的目的失去意義。建立感情帳戶的目的是要讓你特別注意自己能做什麼來增進彼此連結，而不是找出另一半該做卻沒做到的事。所以即使覺得對方很煩或是火氣大，也要努力回應。

加總存款，再扣除支出（如「忘記幫XX買東西」或「太晚回家」），就可以計算出每天或每週的結餘。為達到練習效果，務必要誠實無私地記下自己疏忽或回絕另一半的時候。帳戶裡的餘額愈高，愈有可能看見關係改善。如果正面的改變沒有在一夜之間發生，別太在意。如果已經習慣回絕對方，得過一段時間才會看見練習的效果。練習當中的一項挑戰是，如何察覺另一半在回應你還是在回絕你。在一項密切觀察夫妻在家中情形的研究，顯示婚姻快樂的夫妻幾乎都注意到研究人員觀察到的所有貼心舉動，但是婚姻不快樂的夫婦只注意到研究人員觀察到的一半！

雖然你不會希望感情帳簿變成一種比賽，不過記錄彼此在生活中哪個面向的付出，會大大加強彼此的情感交流。如此一來，你們能將心力放在效果最大的部分。以下列出一長串兩人可以一起做的活動，從洗碗盤到打球都有。選出三件你最希望另一半和你一起做的事，或是你們已經在做的事，但你希望次數更頻繁或另一半更投入。比方說，目前你們每天早上會一起看電視，但你希望另一半能和你一起談論時事，而不只是安靜地看，就可以圈選看電視這個選項。

1. 一天忙完之後，聚在一起談談今天過得如何。
2. 採買生活用品並擬購物清單。
3. 煮晚餐、做甜點。
4. 打掃房子、洗衣服。
5. 一起買禮物或衣服（給自己、孩子或朋友）。
6. 外出（不帶孩子）享用早午餐或晚餐，或去自己最愛的餐廳或其他地點。
7. 一起看電視。
8. 協助對方自我提升（例如去上新的課程、減重、運動、新的職涯）。
9. 規劃並主辦晚餐聚會。
10. 在上班時間打電話給對方並想念彼此。
11. 在浪漫的度假聖地過夜。
12. 在週間一起吃早餐。
13. 一起去教會或寺廟。

14. 整理院子、修繕房屋、保養與清潔車子。
15. 參與社區委員會的工作（如志工服務）。
16. 一起運動。
17. 週末出遊（野餐、開車兜風等等）。
18. 每天花時間陪伴孩子，例如就寢、洗澡、寫功課。
19. 帶孩子出門（動物園、博物館、吃晚餐等等）。
20. 參加學校活動（如親師座談會）。
21. 與親戚（公婆、岳父母、兄弟姐妹）保持連絡或相處。
22. 招待外地的訪客。
23. 一起旅行（搭飛機、巴士、火車或開車）。
24. 看電影或影片。
25. 外帶餐點。
26. 與朋友夫妻一起約會。
27. 觀看運動比賽。
28. 從事喜愛的活動（打球、騎腳踏車、健行、慢跑、登山、露營、泛舟、浮潛、游泳等）。
29. 在房裡聊天或一起閱讀。
30. 聽音樂。

31. 參加音樂會、去購物商場或電影院。
32. 主辦孩子的生日派對。
33. 帶孩子去上課。
34. 觀看孩子的運動比賽或表演（朗誦、戲劇等）。
35. 去繳錢。
36. 寫信或卡片。
37. 處理家人的醫療問題（帶孩子看醫生、牙醫或去急診室）。
38. 在家工作，但還是和另一半有互動。
39. 參加社區活動（如二手拍賣會）。
40. 參加派對。
41. 一起開車上下班。
42. 慶祝孩子人生的里程碑（獲得肯定、畢業等）。
43. 慶祝人生的里程碑（升遷、退休等）。
44. 玩電腦遊戲與上網。
45. 關心孩子的交友。
46. 計畫假期。
47. 共同計劃兩人的未來與夢想。

48. 遛狗。
49. 一起大聲朗讀。
50. 下棋或玩牌。
51. 一起演出話劇或短劇。
52. 在週末一起完成雜事。
53. 從事休閒嗜好，如畫畫、雕刻、作曲。
54. 喝茶（酒或咖啡）閒聊。
55. 保留一段完整的時間和另一半說說話，讓對方有時間好好聽你說話。
56. 談論高深的哲理。
57. 聊八卦（別人的事情）。
58. 參加喪禮。
59. 幫助別人。
60. 物色新房子或公寓。
61. 試乘新車。
62. 其他。

現在兩人互相分享自己最希望另一半陪你做的三件事，這樣你們就能明白如何最有效回應對方並累積分數。請特別注意，在進行本練習時，偶爾會出現衝突的情況。比方說，先生的答案或許是希望太太能更參與週末計畫的制定，但太太卻反駁說大部分的週末計畫都是她規劃的。為了避免類似情況，請記住這個練習的真正目的是討好對方。你真正要傳達給對方的訊息是：**我太愛你，太想跟你在一起**。所以當提出要求時，記得秉持這樣的態度。不要批評對方以前沒做到的事，專注在你希望現在對方能做的事。換句話說，你應該說：「參加聚會時，你能在我身邊該有多好。」而不是說：「你老是丟下我一個人。」

看過對方的三個答案後，兩人如果都能承諾回應對方一項要求，本練習的效果就能真正發揮。請遵守對彼此的「承諾」，或許我們也可以稱之為「契約」。有些夫妻認為將契約內容寫出來有不錯的效果，如「本人同意每週一與週四陪XX遛狗」。這聽起來或許太做作，但是正式的承諾能帶來正面的效果，這表示你的要求得到重視，你會感到慰藉與興奮，因為另一半竟如此重視你的請求，難怪這項練習能為夫妻增添浪漫感。

練習二：抒緩壓力的談話

雖然上面所列的各項日常活動能幫助感情帳戶增加存款，我們卻發現，第一項「一天忙完後，聚在一起談談今天過得如何」效果最好。「你今天還好嗎？」這個問候（應當）可以幫助夫妻調適生活裡婚姻以外的壓力。我的同事尼爾．傑克森博士發現，學習調適婚姻之外的壓力是維持婚姻長期健康的關鍵。傑克森博士發現經過他的婚姻諮商後，夫妻再度陷入關係低潮的一個重要變數是：生活中的其他的壓力是否大到會影響兩人的關係。夫妻關係若因壓力難以喘息，婚姻會再度觸礁。能夠幫助彼此處理壓力的夫妻，則有穩健的婚姻關係。

許多夫妻都有類似安撫對方的話語，或許在晚餐時間，或許在孩子入睡以後。不過許多時候，這些對話都無法發揮作用，反而增加壓力，因為到最後，不論是想抒解壓力的人，還是給予建議的人，都因為對方沒有傾聽而感到沮喪。如果這正是你們的情況，請改變對話的方式，確保兩人談完後能平靜下來。

所以首先要想好談話的時間點。有些人總是迫不及待想訴苦；有些人卻需要自己沉澱一會，才願意開口。所以請等到雙方都想談的時候。

在平日裡，不妨花二十至三十分鐘的時間做這樣的交談。談論婚姻以外的所有事情是對話的首要法則。這段時間不是用來討論兩人之間的衝突，而是在生活其他層面上，在情感上支持對方。

本練習採用「積極傾聽」，即婚姻諮商中的經典技巧，但卻顛覆該技巧的觀念。積極傾聽的目標是用同理心與不帶批判的態度聆聽另一半的想法。這個方法很好，但卻往往失敗。因為積極傾聽通常是雙方互相埋怨時，被要求使用的技巧。但要做到相當困難，除非像國稅局的稽核人員，不帶任何情感。因為在遭受另一半嚴厲抨擊時，幾乎沒有人會不感到震驚、受傷或抓狂。

不過，如果另一半談論的對象不是你，積極傾聽可以變得非常有用。這樣的對話會讓人感到輕鬆許多，且比較能夠支持與了解對方，而對方也會有相同的感受。在這樣的對話中，你會更明顯感受到愛與信任。以下詳細解釋如何進行這類對話：

1. **輪流**。兩人輪流抱怨，一人十五分鐘。

2. **不要主動給予意見**。如果你很快建議另一半如何解決困境，對方可能會覺得你輕視或不在意他／她的問題，而造成反效果。迅速給予建議等於是說：「這沒什麼大不了的，你何不……？」理解勝於建議，是幫助配偶抒解壓力的首要法則。給予建議之前，必須讓另一半明白你完全理解他／她的困難，並能感同身受。許多時候另一半根本不是要你想出解決辦法，而是希望能向你傾訴，或靠著你的肩膀哭泣。

   在給予意見這點上，女性比男性更加敏感。當妻子向丈夫訴說煩惱時，如果丈夫馬上提出建議，妻子的反應通常會十分負面，因為她想聽的是丈夫的理解與同情。男性對立即的建議則有相當高的包容度，所以當妻子說出溫柔又富含智慧的話語時，比較不會引發負面反應。即使如此，當丈夫向妻子抒發工作煩惱時，應該還是比較希望妻子回以同情而非建議。

   當我告訴夫妻們，他們的角色不是解決對方的問題，而是提供支持，他們明顯露出鬆了一口氣的表情。丈夫特別容易認為妻子生氣時，他們的責任就是要解決問題。一旦明白解決問題並非他們的責任，且與妻子所要的恰好相反，他們會感到如釋重負。不去解決另一半的問題，就能在感情帳簿得分，這簡直好得令人難以置信，不過事實真是如此。

3. **表現出真的很在意**。別讓自己的心思或眼神飄忽不定，要專注在另一半的身上。可以提出問題、眼神接觸、點頭、出聲回應等等。

4. **表達理解**。讓另一半明白你能感同身受：「真慘！要是我的話也會很煩，我了解你為什麼有這樣的感覺。」

5. **站在另一半這一邊。**這是一種支持。即使不認同對方觀點，也不要站在別人那邊，因為這會讓另一半感到憤怒或失望。如果妻子因為遲到五分鐘被老闆嚴厲責備，你不應該說：「我想你們老闆今天心情不好。」更不應該說：「妳本來就不應該遲到。」你應該說：「他怎麼這樣！」這不是要你撒謊，而是說話的時間點很重要。當另一半向你尋求情感支持，而非建議時，你不需要搬出大道理，或告訴另一半該怎麼做，你的任務是告訴對方：「你受苦了。」

6. **展現出「同仇敵愾」的態度。**面對某些困難時，如果另一半感覺非常孤單，你要表達出夫妻一體的態度，讓另一半明白你們兩人是一起面對困難。

7. **傳達愛意。**抱著另一半，把手臂放在對方的肩膀上，然後說：「我愛你。」

8. **接納對方的感受。**讓另一半知道你理解他／她的感受。你可以說：「這真是令人難受。我聽了也很焦慮，我明白你在煩惱什麼。」

下面是兩個簡短的例子，讓你明白要達到抒壓效果時該說什麼與不該說什麼。

你不該說：

先生：今天我和李小姐又吵了起來，她不斷挑釁我，還一直跑去跟老闆說她質疑我的辦事能力。
我真討厭她。

太太：我覺得你又在大動肝火，反應過度了（批評）。我知道她也可以有建設性與理性，或許是你不夠細心，沒注意到她的想法（站在敵人那一邊）。

先生：那女人存心想讓我難堪。

太太：你猜疑心太重，要改一下這種個性（批評）。

先生：算了，當我沒說。

你應該說：

先生：今天我和李小姐又吵了起來，她不斷挑釁我，還一直跑去跟老闆說她質疑我的辦事能力。我真討厭她。

太太：這女人實在太過分了！她真是卑劣，又很愛講八卦（同仇敵愾）。你怎麼回應她（表現出真的很在意）？

先生：我說她是存心想讓我難堪，但我不會讓她得逞。

太太：她真的會讓人抓狂。她把你搞成這樣（傳達愛意），你真的好可憐。我真想讓她也嘗一嘗這種感覺（同仇敵愾）。

先生：對啊，但我想我最好別理她，別管她就好。

3.「妳並不愚蠢，所有人都可能發生這樣的事。」（或「妳真可憐。」）

4.「我能明白你的感受。」（或「你真可憐。」）

提醒各位，沒有人比你的另一半更了解你。或許有時候你是真的想徵求對方的意見，所以當很煩惱時，最好告訴另一半你希望對方怎麼做。如果另一半在咆哮怒吼沒有加薪，你可以這樣回答：「看得出來你真的很生氣，我能為你做什麼嗎？你希望我靜靜聽就好，還是幫你一起想接下來該怎麼做？」

如果每天都能這樣對話，婚姻必然受益。你們會堅信另一半對自己的支持，這樣的信念正是兩人友誼長存的基礎。

回應彼此會讓婚姻受益，回絕則會帶來被拒絕的感受

正如回應彼此能帶來正面的效益，回絕對方會帶來受傷與被拒絕的感受。許多時候，夫妻不是惡意要忽略對方，而是沒注意到。當注意力被其他事情分散後，就容易視對方的存在為理所當然。了解那些平凡時刻的重要性，並多花心力在這些時刻上，其實就能解決多數夫妻感受不到對方回應的問題。

不過有時候持續的忽略對方代表更深層的問題。比方說，造成一方斷然拒絕另一方的原因，可能是衝突惡化後衍生的敵意。不過如果夫妻中有一人常常覺得對方在情感交流上不夠主動，原因往往是兩人對親密與獨處的需求不同。

婚姻彷彿跳雙人舞，有時候會被深愛的另一半吸引而靠近，有時候卻又需要後退一步，重新找回獨立自主的感覺。因此夫妻「正常」需求的範圍很廣——有些人很渴望常常有連結，有些人則比較需要獨立的空間。即使夫妻兩人的需求南轅北轍，他們也能有幸福的婚姻，前提是他們明白自己為什麼有這樣的需求，並尊重彼此的差異。如果無法做到這些，兩人可能都會因此傷心難過。

如果你覺得對方一整天的態度都很冷淡，或是另一半太過親密讓你感到窒息，最好的方法就是向對方坦白。共同檢視生活裡的這些時刻會讓夫妻更了解彼此，並幫助夫妻學習如何滿足對方的需求。

練習三：另一半沒有回應時，該怎麼辦？

如果兩人之中有一人覺得最近常被對方冷淡回絕，或覺得無法招架對方的親密需求，可以試試回答以下問題，並分享答案。這些問題沒有標準答案，而是提供和另一半討論的開端。此練習方法意在凸顯夫妻在小事上疏忽對方的背後，不是只有一種事實，而是有兩種同樣合理的觀點。當夫妻能明白並接納這兩種同樣合理的觀點，自然能重新產生連結。

我在過去一週感覺：

1. 防備心重	完全符合	符合	稍微符合	完全不符合
2. 傷心	完全符合	符合	稍微符合	完全不符合
3. 生氣	完全符合	符合	稍微符合	完全不符合
4. 難過	完全符合	符合	稍微符合	完全不符合
5. 被誤解	完全符合	符合	稍微符合	完全不符合
6. 被批評	完全符合	符合	稍微符合	完全不符合
7. 煩惱	完全符合	符合	稍微符合	完全不符合
8. 忿忿不平	完全符合	符合	稍微符合	完全不符合
9. 不受重視	完全符合	符合	稍微符合	完全不符合
10. 毫無吸引力	完全符合	符合	稍微符合	完全不符合
11. 被厭惡	完全符合	符合	稍微符合	完全不符合
12. 不認同	完全符合	符合	稍微符合	完全不符合
13. 想要離開	完全符合	符合	稍微符合	完全不符合
14. 意見不被重視	完全符合	符合	稍微符合	完全不符合
15. 不清楚自己的感受	完全符合	符合	稍微符合	完全不符合
16. 孤單	完全符合	符合	稍微符合	完全不符合

造成這些感受的原因？

	完全符合	符合	稍微符合	完全不符合
1. 感覺受到排斥	完全符合	符合	稍微符合	完全不符合
2. 對方覺得我不重要	完全符合	符合	稍微符合	完全不符合
3. 對另一半的態度冷淡	完全符合	符合	稍微符合	完全不符合
4. 明顯遭到冷落	完全符合	符合	稍微符合	完全不符合
5. 被批評	完全符合	符合	稍微符合	完全不符合
6. 感覺不到另一半的愛	完全符合	符合	稍微符合	完全不符合
7. 覺得另一半沒有吸引力	完全符合	符合	稍微符合	完全不符合
8. 自尊心受到傷害	完全符合	符合	稍微符合	完全不符合
9. 另一半的態度霸道	完全符合	符合	稍微符合	完全不符合
10. 完全無法說服另一半	完全符合	符合	稍微符合	完全不符合

明白引發這些情緒的原因以後，還要檢視自己的情緒反應是否源自過去。根據第三章「認識自己」這個練習的答案，看看過去的創傷或行為與現況是否有關連。下面列舉的敘述能協助你尋找過去與現在的關連。

最近對婚姻的感受與什麼有關？（可複選）

□在原生家庭被對待的方式
□過去的戀情
□過去受到的傷害、經歷過的困難或創傷
□內心恐懼與缺乏安全感
□還未解決或加以忽略的問題
□還未實現的願望
□過去別人對待我的方式
□長期以來對自己的看法
□擔心過去的夢魘或悲劇會再度上演

看過對方的答案後，希望你們能明白，兩人之間許多的差異其實與「事實」無關。人類是相當複雜的生物，我們的行為與反應是由一連串各式各樣的觀念、想法、感受與回憶所主導。換句話說，事實是主觀的，所以你與另一半對過去這週的觀點可能不盡相同，但是兩人對事實的認知沒有所謂的對或錯。你可以在筆記本簡短描述自己的觀點，然後再寫下另一半的觀點。

人們容易犯的重大錯誤就是把距離感和孤單感怪罪在另一半身上。事實上，這不是任何人的錯。為了打破這種責怪對方的模式，雙方都必須承認問題的發生多少與自己有關（不論相關程度多小）。下面的敘述可以幫助你們做到以上的認知，請從中圈選出符合自己的情況，以及造成兩人忽略彼此或感覺無法負荷、窒息的可能原因。（先讓自己冷靜下來，再開始。可參照第八章自我安撫的步驟，放下產生焦慮的念頭、被誤解的感覺、忿忿不平的感受或無辜受害者的心態。）

1. 我最近壓力非常大和易怒　完全符合　稍微符合
2. 我最近很少讚美另一半　完全符合　稍微符合
3. 我最近非常敏感　完全符合　稍微符合
4. 我最近老愛吹毛求疵　完全符合　稍微符合
5. 我最近很少分享內心的事　完全符合　稍微符合
6. 我最近很消沉　完全符合　稍微符合
7. 我會用鬱悶難平形容自己的心情　完全符合　稍微符合
8. 我最近很不溫柔親切　完全符合　稍微符合
9. 我最近不是個稱職的傾聽者　完全符合　稍微符合
10. 我最近覺得自己有點像壯烈的犧牲者　完全符合　稍微符合

整體而言，我對造成這種情況要負哪些責任？

我以後要如何改善這樣的情況？

為避免問題發生，下一次另一半能做哪件事情？

經過上面的練習以後，你們會更知道如何常常回應彼此，彼此的友誼也會加深。這份深厚的友誼在兩人面對衝突時，能成為強而有力的盾牌。**堅固的友誼或許無法阻止所有的爭吵，但卻能保護兩人關係不因意見衝突而惡化**。友誼之所以有這樣的功用，原因之一是友誼能平衡夫妻之間的權力關係。敬愛並尊重對方的夫妻通常能夠接納彼此的觀點，即使他們並不真正認同對方。權力關係失衡的夫妻則不免承受許多相處上的痛苦。

下一章將著重在不願與另一半分享權力的後果，還有如何解決這樣的問題。丈夫通常比較崇尚權力，不過也有些妻子堅決不願聽從丈夫的意思，所以此章其實適用於所有人。

第六章　法則4：接受另一半的意見

杰克正考慮要買一台二手的本田汽車。這似乎是個不錯的選擇，因為前車主菲爾只開了一個月，但突然被公司外派到倫敦，只好把車賣掉。杰克喜歡這台車的操控性能與馬力，車上的頂級音響更是讓他心動。他已經打算要買下，不過他告訴菲爾要先請技師檢查看看。菲爾問：「為什麼？這真的是新車，里程數只有三百英里，更何況還有原廠保證書。」

杰克回答：「沒錯，不過我答應過太太，買車前絕對要請人檢查。」

菲爾不可置信地看著杰克，然後問：「你買車還要問太太的意見？」

「當然，你不會嗎？」杰克問。

「不，我不會……我是說以前的時候。現在離婚了。」菲爾回答。

「或許這正是離婚的原因。」杰克輕輕一笑。

杰克自己請技師檢查以後，發現車子的後保險桿需要更換，所以最後他沒有買。更重要的是，他不贊同菲爾對另一半的態度。杰克會和妻子共同做決定，他尊重並珍視自己的妻子，包括她的意見與感受。杰克明白要讓兩人關係茁壯，就必需與妻子分享主控權。

以前，對做丈夫的人而言，菲爾的大男人態度不一定被視為缺點，但現在時代已經變了。有一項研究，長期追蹤一百三十對新婚夫婦，發現在新婚的前幾個月，比起拒絕妻子意見的丈夫，願意採納妻子意見的丈夫有更快樂的婚姻，而且離婚率較低。根據統計，如果丈夫不願意與妻子分享權力，婚姻走向終結的機率為八成一。

當然，婚姻的成敗是夫妻雙方的責任，所以本章並不是特別針對男性。本章的重點也不是指責、批判或攻擊男性，妻子也應該敬愛與尊重丈夫。然而資料顯示，大部分的妻子都有做到這點，甚至處於不穩定關係中的妻子也是。不是說妻子不會生氣，不會藐視自己的丈夫；而是她們願意採納丈夫意見，願意考量丈夫的看法與感受。但是，男人往往不會禮尚往來。

願意分享權力和決定權，兩個人在一起會比較快樂

本章並不是主張，男人應該任另一半擺布。不過，長期下來，如果丈夫尊重妻子、與妻子分享權力和決定權，婚姻比較快樂與穩定。當夫妻意見相左時，這種丈夫會積極尋求共識，而非堅持己見。

這種結論並非憑空冒出，我們仔細觀察新婚夫婦如何討論衝突，又怎麼談論彼此的戀愛史後發現，雖然妻子有時候會對丈夫生氣，或表現出其他負面情緒，但是她們回應丈夫的方式鮮少使負面情緒加劇。大多數妻子都會試圖緩和衝突，或是表現出相應的情緒。所以如果丈夫說：「妳根本沒在聽我說話！」妻子的反應通常是：「抱歉，我現在在聽。」（緩和衝突），或「我根本沒辦法好好聽你說話！」這句話雖有相應的怒氣，但情緒不會比丈夫說的更激烈。

但是六成五的男人不會採取這兩種做法，反而使負面情緒增加。他們的做法是請出四騎士的其中一位（批評、輕蔑、辯解或放棄溝通）。如果這些男人聽見另一半說：「你根本沒在聽我說話！」他們的回應不外乎是忽略（放棄溝通）、自我辯解（「我有在聽！」）、批評（「我沒在聽是因為妳的話都沒什麼道理。」）或輕蔑（「何必浪費我的時間聽妳說話？」）。如果丈夫動用四騎士加劇夫妻的衝突，這就顯示他抗拒太太的意見。

不願意接納妻子的情緒，還動用四騎士壓制妻子、不理會妻子的觀點，這就是拒絕接受妻子的意見，這樣的做法會導致婚姻關係不穩定。就算丈夫不常這麼做，婚姻關係受到破壞的機率仍達81％。

雖然夫妻雙方都應該努力避免讓四騎士主宰兩人的衝突，但是丈夫應該格外注意，動用四騎士會使負面情緒加劇，造成婚姻出現風險。出於某些因素，妻子同樣動用四騎士時，兩人關係並不會因此失和。目前的資料還無法解釋這樣的差異。不過一般而言，女性願意接納丈夫的意見。所以夫妻雙方固然都應避免訴諸四騎士使衝突惡化，但重要的是，丈夫這麼做的時候會增加婚姻不穩定的風險。

美滿婚姻需要兩人互相敬愛與尊重

我見過許多大發雷霆的丈夫，所以知道有些男性會直截了當拒絕與妻子分享權力。即使在這性別平權的時代，仍然有男性會拒絕妻子表達看法，做決定時也不考量妻子的感受或建議。在我們的研究裡，有的夫婦認為男人應該是一家之主，也有的夫婦秉持男女平等的觀點。不論是抱持哪種觀念，情緒智商高的丈夫都明白一個重要的道理：要表達敬愛與尊重。接納另一半建議的真諦，即是珍惜與尊重對方。說到底，你真會希望自己的決定讓另一半感覺不受尊重嗎？絕對不會。

讓我明白這個道理的人是我的一位朋友，他是位摩門教主教。傳統的摩門教教義推崇父權制度，認為丈夫應該決定家中所有大小事務。不過我這位朋友和妻子的婚姻美滿，他認為自己的信仰與接受妻子的意見並無衝突。他告訴我：「我不會去做妻子不贊同的決定，我認為這相當無禮。我們會不斷討論，直到雙方都有共識，到那時我才會做決定。」顯然他很明白婚姻的運作需要夫妻互相敬愛與尊重。

或許很多排斥妻子意見的男性根本沒發現自己有這樣的傾向。有些男性自認為是女性主義者，但對待妻子的方式卻證明他們根本不是這樣。舉個例子，查德是一位認真工作的軟體工程師。如果請他簡述他對性別角色的觀點，他會直接回答贊成男女平等。但是在他和妻子瑪莎剛搬進去的新家裡卻不是這麼回事。有天晚上查德宣布週四要工作到很晚，瑪莎提醒查德，她的母親週五要來訪，希望他能幫忙打掃房子與整理客房。瑪莎坦白地說：「我真的很生氣，你不記得我媽要來嗎？你不能調整你的工作時間？」

查德說：「那妳怎麼不記得我有個大案子？我根本沒辦法調整時間，一定要上班，搞不好整個週末都要加班。」查德的回覆使衝突加劇。他先是為自己辯解，不僅沒有回應瑪莎的抱怨，還用另一個抱怨回擊妻子：「妳怎麼不記得我有個大案子？」然後威脅太太可能不只週四要加班，這種說法其實是種挑釁，激怒對方還擊。

瑪莎勃然大怒，用許多難聽的話罵人，然後衝出客廳。查德感覺自己很委屈。畢竟他必須工作，妻子卻跟往常一樣突然發火。查德開始心跳加速，感到頭暈目眩，他的情緒受到極大衝擊，使他無法清楚思考問題或想出解決辦法，只想要逃開妻子那種不公平又不理性的態度，完全沒心情去想折衷辦法。抱著受害者的心態，他倒了杯啤酒，打開電視。之後，瑪莎回到客廳想和他談談，他乾脆不理瑪莎。瑪莎開始哭，於是他離開客廳表示自己要早點睡覺。

上面的例子顯然有許多應該檢討的地方。瑪莎尖銳的開場使查德不願意妥協，不過她的反應是有原因的。瑪莎的母親住在加拿大，很難得來看她，所以她對這次母親來家裡已經計畫一個月，並多次告訴查德她有多興奮，她終於可以帶母親參觀他們的新家，母親也總算有時間和兩個孫子相處。

當查德平靜地宣布他要工作到很晚，甚至沒有提及這會影響到岳母來訪一事，瑪莎明白查德根本忘記她母親要來。就算他記得，他也不看重這件事，所以才不覺得工作會造成問題。查德沒有先和瑪莎討論就逕自做決定。根據瑪莎的描述，查德經常「我行我素」，所以瑪莎才會一聽就抓狂。

接納另一半意見會有正面效益

類似的夫妻爭執總是互相指控，有時會讓人看不清引發爭執的根本原因。不過瑪莎和查德的例子有個明顯的線索，就是查德拒絕接受瑪莎的想法。當瑪莎出現負面反應（一句直接的抱怨：「我真的很生氣」），查德的回覆卻是加劇兩人的衝突，用挑釁與辯解（第三位騎士）回應瑪莎。瑪莎大發雷霆，查德的情緒則受到衝擊，直接放棄溝通（第四位騎士）。他們的婚姻跌了重重一跤，摔向離婚的深淵。

設想如果是下面的情況，瑪莎和查德的感受會有多麼不同。如果查德沒有辯解，反而向瑪莎道歉，並承認自己因為工作量過大而忘記岳母即將來訪，或者在爭吵過後試圖彌補，瑪莎或許還是會生氣，但她不會覺得查德不看重她；如果查德能不為自己辯解、不去激怒瑪莎，而是聆聽，讓她發洩怒氣，她或許會冷靜下來，然後他們就可以一起找出解決辦法。

接受對方的意見不等於永遠不表達負面情緒。婚姻可以容納許多暫時的憤怒、抱怨，甚至是批評。試圖在另一半面前壓抑負面情緒，對婚姻和血壓都沒有益處。問題出在妻子表達些微不滿時，丈夫回以一連串的控訴，而非緩和妻子的情緒，或表達程度相同的負面情緒（吼回去或抱怨）。

排斥另一半意見的人應該想想，接納對方想法有許多正面的效益。研究指出，與分享權力的丈夫相比，抗拒這麼做的丈夫較容易婚姻失和，機率高出四倍。有例子一再證明，男人如果願意分享權力，四騎士就不會如此氾濫。主要的原因是，如此一來妻子不太會在生氣時使用尖銳的開場。由於妻子沒有因丈夫感到憤怒、挫敗或難堪，她比較能夠以不批判、不輕蔑的態度開始討論敏感的話題。

擁有良好的協商基礎，是這些婚姻能順利走下去的另一個原因。畢竟愈多傾聽、愈慎重考量妻子的觀點，丈夫就愈能找出令雙方都滿意的解決辦法。如果丈夫對妻子的需求、建議與觀念置若罔聞，討論根本就是緣木求魚。

開放的態度能增強兩人關係裡的正面能量

或許最重要的是，當丈夫接受妻子的意見，他的開放態度能增進與妻子的友誼，也增強兩人關係裡的正面能量。丈夫會因此更容易遵守前面的三大法則：補強愛情地圖、培養愛戀與愛慕、習慣回應。

產生這些正面效果的原因，不只是因為少了頻繁的權力爭奪，使婚姻生活更加愉快，更重要的是，這些丈夫願意向妻子學習。女性無庸置疑可以教導男性許多關於友誼的事。作家戴夫・巴里（Dave Barry）曾在書中提到男女在友誼觀念上的龐大差距。巴里敘述每年他和妻子都會與老朋友聚在一塊。這群太太們立刻就熱絡地聊起近況，分享心情；巴里和其他先生們則在看球賽。他們也有情緒激動的時候——通常是決定披薩口味的時候。等到巴里和妻子與大家道別以後，他妻子會說：「喬治截肢以後能適應得這麼好，真是了不起！」巴里只好假裝他也有注意到喬治截肢。巴里是有點誇張，但這則故事有趣之處在於它揭露了一個事實：女性比男性擅長討論、理解感受。

我的意思不是所有女性都比男性對情緒更敏銳、擁有更好的人際技巧，有許多女性並不懂在社交場合上察言觀色，或容易忽視旁人的感受。不過一般而言，妻子的情緒智商比丈夫高。這背後有個簡單的原因：女性習得人際技巧有先天上的優勢。只要觀察操場上的孩子就能發現。小男孩玩遊戲時（通常是追逐遊戲），他們在意的是遊戲本身，而非彼此的關係和感受。但對小女孩而言，感受才是重點，一句「我不要跟妳做朋友了」，就會立即中斷遊戲。遊戲能否再進行，全取決於是否有人示好。

這種性別差異會隨孩童成長而加大，因為男生幾乎不會和女生玩在一塊，他們因此錯失向女生學習的機會。雖然約有35％的學齡前孩童最好的朋友是異性，但是該比例在七歲孩童中驟降至幾近為零。從七歲至青春期，男女生幾乎不再有互動，世界各地皆有此現象。對於這種自發的性別隔離有許多種解釋，其中一個有趣的理論是由在史丹佛大學任教的心理學者伊莉諾・麥科比（Eleanor Maccoby）博士所提出，她的理論正好和「接納另一半意見」相互呼應。麥科比發現，即使在非常小的時候（一歲半），男童玩遊戲時只願意接受同性的意見，而女童則願意接受來自兩性的意見。大約到五至七歲時，女孩對於這種狀況感到厭煩，不願再與男孩一起玩。從那時起直到青春期，我們的文化（和幾乎所有的文化）沒有提供恰當的機制，確保男女孩能繼續互動。

長大以後，男女生對家務的觀念會明顯不同。一旦情侶同居或訂婚，準新郎一夕之間會進入另一個世界。在某齣戲劇中，一名男子剛結婚時看見妻子在打掃浴室，就問妻子：「我們要搬家嗎？」因為在他單身的時代，搬家是他和室友唯一會打掃浴室的時候。

看重兩人關係甚於自己，絕對會有幸福的家庭

我們研究新婚夫婦的數據顯示，愈來愈多丈夫正在改變，其中約有35％的男性屬於這類型的丈夫。從幾十年前的研究看來，過去這種丈夫不多。這類丈夫敬愛、尊重自己的妻子，所以願意向妻子學習更多有關情緒的事。因此會漸漸了解妻子的世界，還有他的孩子與朋友的世界。他表達情緒的方式或許和妻子不一樣，但是他能明白如何與妻子在感情上建立更深的連結，然後做出尊重妻子的決定。當他在看電視，而妻子需要有人談談時，他會關上電視，傾聽妻子。這樣的丈夫看重兩人的關係甚於自己。

這種高情緒智商的丈夫並非在個性、教養或道德品格上比其他男人優秀，他們只是比較早明白婚姻裡一個至關重要的道理：如何敬愛妻子、向妻子表達尊重，如此而已。

而且這種丈夫比較不會將事業置於家庭生活之前，因為他對成功的定義不同。這類丈夫跟以前的男人不同，他們能把前三項法則自然融入在日常生活裡：他的愛情地圖仔細紀錄妻子的生活，隨持保持對妻子的仰慕與喜愛，並透過日常生活的舉動回應妻子。

從中受益的不只是他的婚姻，還有他的孩子。研究發現，願意接納妻子意見的丈夫，通常也會是出色的父親。他相當熟悉孩子的生活，認識孩子的朋友，也明白孩子內心的恐懼。由於他不害怕面對情緒，他能教導孩子尊重自己的情緒，同時尊重自己。他也會為孩子關掉電視，因為他希望孩子記得父親的陪伴。

這種丈夫兼父親過著充實又豐富的生活。有了幸福的家庭為避風港，他的工作可以更有創意、更有效率。因為他和妻子的關係相當緊密，妻子不只在煩惱的時候會來找他，在快樂的時候也會。當整個城市迎接第一場繽紛的雪花，他的孩子會奔向他，告訴他下雪了。他活著的時候，對他最重要的人會關心他，他過世時，他們會悼念他。

另一類型的丈夫兼父親則過著相當悽慘的生活。他們對於男性權力的喪失感到憤憤不平，或自認是無辜的受害者。為了保護僅存的一切，他會變得更加專制，或是躲進自己的孤獨世界。為了找回自己應得的尊重，他不會去尊敬別人。由於害怕權力進一步流失，他不會接受妻子的想法。因為不願意被他人的意見影響，所以他也沒什麼影響力。結果他活著的時候，沒什麼人會關心他，他過世時，也沒什麼人會悼念他。

學習讓步取勝法

或許這兩種類型丈夫的根本區別是，「新型」的丈夫明白在生活中有許多時候必須讓步才能夠贏。

當你在市區開車，碰上惱人的交通阻塞或突然遇到障礙，阻斷原本該走的路，此時你可以採取的方法有兩種。一是停車，開始發脾氣，並生氣到這些惱人的狀況消失；二是繞道而行。第一種方法最終會導致你心臟病發作，第二種方法，能讓你回到家，我稱之為讓步取勝法。

讓步取勝法的一個經典例子，就是常見的馬桶蓋議題。通常，妻子看見丈夫沒有把馬桶蓋放下，多半會很惱怒，即使她動手放下馬桶蓋的時間根本不超過一秒。對許多女性而言，掀起來的馬桶蓋象徵男性的自以為是。所以丈夫如果想討妻子歡心，只要把馬桶蓋放下即可。有智慧的丈夫放下馬桶蓋時，會讚嘆自己的聰明。

接納他人意見是一種態度，但也是一種技能，只要多加注意與另一半的關係，就能磨練這項技能。在日常生活裡，這意味著遵照第三、四、五章的建議和練習，操練前三項法則。面臨衝突時，關鍵在於願意妥協，你可以思考另一半有哪些要求是你願意讓步的。舉查德和瑪莎為例，查德在瑪莎母親來訪的前夕要加班到很晚，這讓瑪莎很生氣。查德或許不願意調整工作量，但他或許可以調整工作時間，比方說，把加班的時間延到星期五，這樣他就能幫忙瑪莎整理房子，迎接她的母親。又或者週六時，瑪莎、媽媽和妹妹可以一起帶兒子去練球（通常是查德帶去），如此一來，查德就能利用這段時間完成一些工作。

假如儘管付出種種努力，丈夫依舊在某個議題上無法接受妻子的意見，這表示某個沒有挑明又無法解決的問題，阻撓了丈夫的努力。面對這種情況，解決方法是學習如何面對無解的問題，請參照第十章。提姆與凱菈兩人正好有這樣的狀況。他們經常為提姆的朋友巴迪起爭執，凱菈認為這人根本不能算是個朋友。失業的巴迪經常與同居女友吵架，然後醉倒在他們客廳沙發上。凱菈擔心巴迪對老公有負面影響，認為巴迪的頻繁出現是種入侵和威脅。每次她試圖和提姆討論這件事，提姆就會堅持這是他家，他可以邀請任何人來。當凱菈開始反駁，提姆就會逃避，讓凱菈更生氣，開始咆哮。此時，提姆會指控有毛病的人是凱菈，不是他朋友。提姆的態度讓凱菈怒不可遏，她認為，提姆沒有考慮到這也是她的家，所以邀請別人來家裡過夜時，應該也和她商量。

與他們訪談時，兩人問題的核心似乎就是提姆拒絕採納凱菈的意見，尤其提姆又表明自己絕不妥協。於是我問他巴迪的友誼對他的意義是什麼，結果發現這背後有更多故事。提姆說他和巴迪從小就是朋友。高中時，提姆的父母離婚，鬧得很不愉快，家庭破裂，提姆在巴迪家的沙發上度過無數個夜晚，所以他認為現在換他回報曾經幫助他的朋友。他覺得凱菈是要他拋棄巴迪，但這麼做有違他的良知。他不擔心巴迪對自己會有負面影響，他自認是穩重的成年人，並以有能力幫助朋友為榮。

提姆說出愈多關於巴迪的事，事實就越清楚，他和凱菈要克服的是一個長期問題，即兩人對友誼與義氣的價值觀。明白了這點，並一起面對問題後，情況改變了。提姆不再認為問題在於他有權邀請任何人來。凱菈承認自己會如此氣憤，不只是因為巴迪，也因為提姆太得寸進尺。她告訴提姆她真心讚賞他的義氣，這也是她欣賞他的原因之一，她只是擔心巴迪佔提姆便宜。提姆承認巴迪可能只是喜歡來白住。透過確認問題本質，了解這是長久的問題，並同意一起面對，提姆就能接納太太的意見。他們變得更能理解對方的觀點。最後雙方同意，巴迪可以繼續來借住，不過不能像先前那樣頻繁。

要讓提姆願意接受妻子的意見，得先深入長期問題的核心。然而在大多數案例中，關鍵在於丈夫要願意與妻子分享權力，並多加練習。丈夫可以從回答下面的問題開始，來了解自己是否習慣接納另一半的意見。妻子也沒什麼理由不去回答這些問題，因為雙方愈願意接受彼此的想法，關係會更融洽。附在後面的練習則相當有趣，能幫助鍛鍊分享的功力。

接納意見評量

讀完每個問題，然後圈選「是」或「否」。

1. 另一半談論生活中的基本議題時，我真心感到有興趣。「是」「否」
2. 即使意見相左，我還是能從另一半身上學到很多。「是」「否」
3. 我希望另一半覺得我非常重視他／她所說的話。「是」「否」
4. 基本上，我希望另一半覺得他／她在婚姻裡有決定權。「是」「否」
5. 我會聽另一半的話，但是有限度。「是」「否」
6. 另一半的常識很豐富。「是」「否」

7. 起爭執時，我仍然試圖表達對另一半的尊重。「是」「否」

8. 如果我持續說服另一半，最終會成功。「是」「否」

9. 我不會不假思索地拒絕另一半的意見。「是」「否」

10. 另一半不夠理性，無法認真討論兩人之間的議題。「是」「否」

11. 我相信在討論時需要經常相互退讓、遷就對方。「是」「否」

12. 我非常有說服力，通常可以說贏另一半。「是」「否」

13. 當我們在做決定時，我覺得我的話相當有份量。「是」「否」

14. 另一半通常能想出好主意。「是」「否」

15. 基本上，另一半非常善於解決問題。「是」「否」

16. 即使意見不同，我會尊重地聽另一半說話。「是」「否」

17. 我的解決辦法通常比另一半的好更多。「是」「否」

18. 我通常可以理解另一半的立場。「是」「否」

19. 另一半常常太情緒化。「是」「否」

20. 婚姻裡的重大決定是由我來做。「是」「否」

計分方式：每圈選一個「是」，即得一分，以下題號除外：5、8、10、12、17、19，20。上述題號中，每圈選一個「是」，則扣一分。

六分（含）以上：你在這方面做得非常好。願意把權力讓給另一半是高情緒智商的象徵。

六分以下：你在這方面還有進步的空間。聽從另一半的意見對你來說還有些困難，可能會使你們的婚姻岌岌可危。為改善此狀況，首要步驟是了解接受意見的意義。如果還是不明白為什麼需要與另一半分享權力，請重讀本章，以下練習會引導你該怎麼做。

練習一：讓步取勝

以下是一些夫妻經常面臨的情況。試著想像你和另一半發生了這些衝突（妻子做此練習時，請將性別對調）。愈投入在每一個情境，練習的效果愈好。不論在這些情境裡，你想像另一半的語氣有多負面，請試著把對方的負面語氣當成強調問題的方式，而非對你的攻擊。換言之，試圖回應對方所說的內容，而非對方的語氣。請假設這段訊息傳達了一個合理的要求，是你能輕易做到的，然後用一句話描述這個合理要求，並寫在筆記本上（某些情境中，妻子只暗示自己的要求，而非直接表明），再寫下要如何回應以表示願意配合。這些練習沒有標準答案，但是可以在後面幾頁找到有效回應每個情境的範例。

範例：你下班回家，非常疲累，只想要吃個晚餐，然後看電視。在家忙了一整天的妻子卻想要出門。有天晚上，妻子非常憤怒地說你沒有考慮她有逃離家裡的需要。你說你太累了，晚上什麼也不想做。她吼道：「那我怎麼辦？如果不出去跟人接觸，我會瘋掉！」

合理要求的部分：出門。

你的回答：「很抱歉你悶得快瘋了。如果我們先悠閒地在家吃個晚餐，讓我休息一下，然後再出門吃甜點如何？」

情境1：你和妻子最近相處不太融洽。部分原因是你認為她花錢太兇。現在她堅持你要去做昂貴的婚姻諮商。你表明除非縮減其他開支，不然沒有錢支付諮商的費用。你的妻子回答：「我不贊成你的說法。我們無法承擔不去做婚姻諮商的後果，這就像是借錢讓自己放個假。我們必須去。」

合理要求的部分：

你的回答：

情境2：由於妻子沒有上班，你要求她在你回家前整理好家裡、做好晚餐。今晚回家時，你發現洗好的衣服還沒摺，晚餐也還沒做，於是向妻子抱怨。她回答：「你從來不知道白天我做了多少事情。你根本不明白要做多少事情才能維持一個家。」

合理要求的部分：

你的回答：

情境3：你和幾個朋友在酒吧喝啤酒。妻子經常為此和你爭吵，她覺得你太常出去喝酒。今晚你在酒吧時，她不斷打給你說，如果你不馬上回家，她就要到酒吧來找你。當你終於回家時，她正在哭。她問：「為什麼你有空在酒吧和朋友喝酒，卻從不帶我出去？」

合理要求的部分：

你的回答：

情境4：現在是週六下午，妻子已經打掃一整天，並告訴你家裡哪些地方需要整修。你認為妻子不願意縮減其他開支，所以你沒有錢支付整修費用。她說：「反正你就是覺得我的要求不重要，如果是你想要的東西，你就拿得出錢。」

合理要求的部分：

你的回答：

情境5：妻子在過去幾天都向你抱怨，你和她做愛時不夠溫柔體貼。今晚做完愛以後，妻子表示不滿意，想要你再撫摸她。你回答不習慣這樣的方式。她說：「我明白你的感受，但我們要學習如何使對方更興奮，我會幫助你的。」

合理要求的部分：

你的回答：

情境6：下班回家你想做的第一件事就是放鬆休息，來杯飲料、看個電視、把鞋襪都脫掉。有時候你會把客廳弄得有點亂，不過等吃完晚飯、恢復體力以後，你通常會收拾乾淨。有天晚上，你還沒把客廳收拾好，妻子對你說：「你的東西四處亂丟真的讓我很火大。我也很累，不想要跟在你後面收拾。你為什麼不能在晚餐前把東西收好？」

妻子合理要求的部分：

你的回答：

情境7：最近家裡錢有點緊，於是你想出一個辦法，就是購買任何物品前，夫妻倆要先一起討論。今晚回家時，妻子說她買了幾個新燈泡，因為屋外的燈泡燒壞了。她說沒和你商量就買是因為她覺得燈泡是絕對會用到的必需品──晚上沒有燈會讓她沒有安全感。你回答燈泡或許是必需品，但你們負擔不起。她說：「不管付不付得起，我們都需要買。」

合理要求的部分：

你的回答：

情境8：你決定買台新車給妻子驚喜。一看見你買的新車，她變得非常不高興。她說：「這簡直糟透了！我絕對不會坐上那台車，把它退回去！」

合理要求的部分：

你的回答：

情境9：你剛下班回到家，相當疲累，還得跑一趟五金行。在家裡照顧小孩的妻子說，今天孩子們都很不乖，要你帶他們一起去五金行，好讓她可以稍微休息一下。

合理要求的部分：

你的回答：

情境10：你喜歡熬夜辦公或看電視，妻子卻喜歡十一點前睡覺。有天晚上十點半左右，你在休閒室看電視，妻子走進來要你去睡覺。她說你都在她入睡以後才去睡覺，這讓她很困擾，因為她想要更常做愛。

合理要求的部分：

你的回答：

答案範例

情境1

合理要求的部分：你們的婚姻需要協助。

你的回答：「我同意改善婚姻很重要，或許我們真的需要婚姻諮商。讓我們來討論看看可以縮減哪些開支，來支付這筆費用，這樣我也不會這麼擔心錢的問題。」

情境2

合理要求的部分：感謝她所做的一切家務事。

你的回答：「對不起。妳沒說錯，我一直沒有注意到。讓我們重新來過。告訴我知道妳做了什麼事情，或許我也能幫忙，摺些衣服。妳最近很辛苦，也許今晚我們去外面吃。」

情境3

合理要求的部分：有空多花點時間陪她。

你的回答：「好主意。讓我們出去玩到天亮，就像從前那樣。」

情境4

合理要求的部分：你們的屋子需要局部整修。

你的回答：「好吧，也許妳沒說錯。妳認為哪些部分需要整修？」

情境5

合理要求的部分：重視如何讓她興奮。

你的回答：「這對我很難啟齒，不過我會盡量聽妳的。告訴我妳想要我怎麼撫摸妳。」

情境6

合理要求的部分：在晚餐前把你的東西收好。

物品清單

1. 兩套換洗衣服
2. 可收聽AM、FM與短波的收音機
3. 十加侖的水
4. 鍋具
5. 火柴
6. 鏟子
7. 後背包
8. 衛生紙
9. 兩頂帳篷
10. 兩個睡袋
11. 刀子
12. 有帆的小救生艇
13. 防曬乳
14. 爐具與提燈
15. 一條長繩
16. 兩副對講收發機

17. 七天份的冷凍乾燥食物
18. 一套換洗衣服
19. 剩下五分之一的威士忌
20. 數枚閃光信號彈
21. 指南針
22. 數張區域航拍圖
23. 有六發子彈的槍
24. 五十個保險套
25. 內有抗生素的急救箱
26. 數瓶氧氣罐

第二步：和另一半分享你列的清單，然後一起討論出兩人都覺得重要的十項物品。換言之，你們兩人是一個團隊，要互相商量，一起解決問題。討論問題與最後做決定時，兩人都要發揮影響力。

完成任務以後，要來評估遊戲進行時的狀況。夫妻兩人都要回答以下問題。

1. 你能不能有效左右另一半的想法？
(a) 完全無效
(b) 不算有效，也不算無效
(c) 有點效
(d) 非常有效

2. 另一半能不能有效影響你？
（a）完全無效 （b）不算有效，也不算無效 （c）有點效 （d）非常有效

3. 有沒有一方試圖要主導另外一方，或是雙方彼此較勁？
（a）經常 （b）偶爾 （c）很少 （d）完全沒有

4. 你有沒有生悶氣或拒絕參與？
（a）經常 （b）偶爾 （c）很少 （d）完全沒有

5. 另一半有沒有生悶氣或拒絕參與？
（a）經常 （b）偶爾 （c）很少 （d）完全沒有

6. 你們合作順利嗎？
（a）完全不有趣 （b）稍微有趣 （c）有趣 （d）非常有趣

7. 你們是一個好的團隊嗎？
（a）完全不同意 （b）稍微同意 （c）同意 （d）完全同意

8. 你多常感到暴躁或憤怒？

（a）經常 （b）偶爾 （c）很少 （d）完全沒有

9. 另一半多常感到暴躁或憤怒？

（a）經常 （b）偶爾 （c）很少 （d）完全沒有

10. 雙方是否都有參與感？

（a）完全沒有 （b）稍微有 （c）大致有 （d）一直都有

計分方式：選擇答案「a」得1分，答案「b」得2分，答案「c」得3分，答案「d」得4分，將每題的分數加總。

如果你的總分超過24分，這代表你們都相當願意接受對方的意見，而且充分發揮團隊的精神。如果總分低於24分，這代表你們在這方面還有進步的空間。

接納意見是成功解決衝突的關鍵

如果覺得聽從意見很困難，首先能做的便是承認問題的存在，並向另一半坦白。雖說積習難改，但你若願意負起責任，承認有些婚姻問題是自己不願意分享權力而造成，這對兩人關係就是一大進步。另一半可能因此卸下心中的大石頭，並對改善婚姻重新燃起希望。接下來要讓對方成為你的盟友，一起克服這個問題。請另一半和顏悅色地告訴你，哪些時候自己不知不覺表現出霸道、防備或無禮的態度。

由於本書的七大法則彼此息息相關，愈努力遵循其他法則，愈容易學會分享權力。反之亦然，當你越擅長聆聽其他人的意見，就愈容易遵行其他法則。願意分享權力並尊重對方的觀點，是討論協商的第一步。正因如此，接納意見能幫助你更有效地處理衝突，這是本書第五與第六個法則的重點。後面將介紹婚姻衝突的兩種主要類型，幾乎所有夫妻都曾經歷過。不論是面對哪一類型的衝突，接納意見是成功解決衝突的關鍵。

第七章　兩種類型的衝突

在每個婚姻中，雙方都必須面對彼此不同的意見、個性、癖好與價值觀。難怪就算是幸福美滿的婚姻，夫妻還是得應對大量的婚姻問題。有些只是讓人惱怒的小問題，有些則是複雜無比，搞得雙方劍拔弩張。夫妻往往會深陷衝突無法自拔，或是為求自保疏離對方。

你可能覺得自己的問題絕無僅有，但我們觀察發現，從尋常的抱怨到全面開戰，所有婚姻衝突其實都能分為兩類：可解決的衝突（能化解），與永久性衝突（以某種形式存在於夫妻生活中）。一旦能辨別每次衝突的類型，就能依循類型研擬對策。

學會與永久問題和平相處

很不幸，婚姻衝突大多屬永久性衝突（確切數據為69％的衝突）。我們對夫妻進行四年追蹤調查，發現他們爭執的問題往往一模一樣，四年光陰彷彿只過了四分鐘。他們雖改變了穿著與髮型，變胖或變瘦，臉上多了歲月痕跡，可是還在為同樣的事吵。研究顯示，幸福夫妻通常有以下幾種永久問題：

1. 太太想要孩子，可是先生說他還沒做好準備，而且不知要等到何年何月。
2. 先生想做愛的頻率比太太高出許多。
3. 先生對家事漫不經心，很少主動去做，非得太太嘮叨才會做家事，可是被唸又會生氣。
4. 太太覺得先生對兒子太嚴厲，但先生自認管教得當，覺得兒子必須學習做人處事的正確方式。

儘管這些夫妻之間存在這些差異，他們還是十分滿意自己的婚姻。因為他們找到辦法應對無從改變的問題，所以不會為此感到無所適從。他們已經學會就讓問題保持現狀，還能幽默以對。例如，瑪琳達與安迪這對夫妻，安迪老是不願意與太太家人出遊，所以兩人常為此發生衝突。可是當他們被問到這個問題，夫妻倆都沒有生氣，只是心平氣和敘述情況。當安迪要說出最後的一貫回答，對這句話倒背如流的瑪琳達馬上模仿丈夫聲音，搶先說道：「好啦，我去就是了。」然後安迪再補上一句：「當然好，妳說什麼都好。」

「我們現在還是如此，」瑪琳達解釋道。安迪在旁竊笑說：「我們就算意見不合，也不會僵太久吧？」

瑪琳達和安迪到現在還沒解決問題，可是他們學會與問題和平相處，而且還能幽默以對。

不論陷入僵局多深，終究還是有脫困的機會

另一對幸福夫妻是凱琳與比爾，他們做事條理天差地別，形成了永久問題。凱琳擁有士官般的紀律，比爾則是典型的迷糊學者。比爾為了妻子，很努力記住自己把東西放在哪裡，凱琳為了丈夫，就算他搞丟東西，也試著不去唸他。比如當她在高高一疊報紙下發現上個月的電話繳費單，她只會開開玩笑。可是如果她那天壓力特別大，就會大發雷霆。比爾會泡杯熱可可向她賠罪，然後兩人又一起快樂過活。換言之，他們持續面臨這個問題，而且大多能心平氣和應對。問題時好時壞，但因為他們承認這個問題存在，不斷討論，所以兩人的差異並未蓋過對彼此的愛意。

這些夫妻很自然就明白兩人關係勢必會有問題，就好像人年紀大了身體勢必會出現慢性病痛。這些關係難題就好像膝關節不靈活、背痛、腸躁症或網球肘。我們無法喜歡這些問題，但我們能夠與

其和平共處，避免會讓問題惡化的情況，並想出處理問題的對策與慣例。心理學家丹・懷爾（Dan Wile）在其著作中極為傳神地寫道：「當你選擇一位長期伴侶，就必然也選擇了一籮筐的無解難題，得在未來十年、二十年或五十年努力應對。」

如果你選擇處理的是能夠解決的問題，你的婚姻就算是成功了。懷爾寫道：「保羅娶愛麗絲為妻。愛麗絲喜歡在派對大鬧一番，個性內向的保羅很討厭她那麼瘋狂。可是如果保羅娶了蘇珊，他們去派對前就會先吵一架，因為保羅老愛遲到，蘇珊討厭自己總是在等人。她覺得丈夫不重視她，而她對此非常在意。保羅則認為蘇珊企圖掌控他，而他也非常在意這點。如果保羅的太太是潔兒，他們可能根本連派對都去不成，因為兩人前一天為了保羅不肯幫忙家事吵架，現在都還在氣頭上。只要保羅不肯幫忙，潔兒就覺得自己被人拋棄，而她對此非常在意。對保羅來說，潔兒的抱怨都是為了掌控他，而他也對此非常介意。」就像如此這般的問題。

婚姻若不夠穩固，這些永久問題終究會扼殺關係，因為夫妻無法有效解決問題，結果陷入僵局。他們就算討論問題，也只是舊話重提、原地踏步，什麼也沒解決。因為問題還是無所進展，他們越來越覺得受傷懊惱，也越來越感到被嫌棄，四騎士更加頻繁現身，幽默與愛意越來越少。雙方更加堅守各自立場，生理上漸漸無法負荷壓力。慢慢的，他們試著摸索出問題到底出在哪個部分，但其實卻變得對彼此更無動於衷。兩人生活漸失交集，寂寞感勢必會隨之而來，婚姻的喪鐘也在此時響起。

無法實現的夢想是僵局癥結

如果你們不確定自己是陷入永久問題的僵局，還是已將問題妥善處理，以下這個清單將有助於釐清情況。僵局的特點如下：

- 這個衝突讓你覺得另一半拒絕溝通。
- 你們不斷討論問題，可是卻毫無進展。
- 你們死守立場，不願改變想法。
- 你們討論這主題時，最後都更加失望受傷。
- 你們討論這問題時缺乏幽默、喜悅或愛意。
- 你們討論愈久，就愈堅持己見，最後演變成每當提及這些話題，就互相謾罵。
- 責備對方讓你們更固守立場、截然對立，觀點變得更極端，更不願妥協。
- 最後你們變得對彼此冷漠疏離。

如果你覺得這情況熟悉得讓人心痛，有件事能為你帶來寬慰：不論夫妻在僵局中陷得多深，終究還是有辦法脫困。等本書談到第六個法則，各位會發現，你們只需要動機和意願，去共同探索導致僵局背後所隱藏的問題。關鍵就是互相挖掘、分享重大的人生夢想，因為無法實現的夢想就是僵局的癥結。換言之，永無止盡的紛爭代表雙方存在著深刻的差異，必須先認清這些差異，才能著手處理問題。

化解可解決的問題

相較於無解難題，這種問題聽起來相對簡單，但還是會讓人很痛苦。就算問題可以解決，也不代表一定能成功解決。夫妻若為可解決的問題搞得劍拔弩張，就是因為他們還沒學會有效解決問題的技巧。這其實也不能怪他們，在婚姻治療師提供的建議中，有太多解決衝突的方法都難以掌握運用。這些方法大多把重點放在肯定另一半的觀點，學習成為更好的聆聽者。這其實也沒錯，只是大部份的人平常都很難做到，更別說是在心煩意亂的當下。

本書第五個法則是用比較直接的方式，處理可解決的問題。我們研究了美滿夫妻處理歧見的有效方式，然後根據研究結果，設計出化解衝突的替代方案。

下一章將會說明如何：①使用圓融的開場，避免尖銳的開場②學習有效運用示好訊息③在緊張討論中留意生理狀況，注意情緒衝擊的警訊④學習妥協方式⑤變得更能容忍彼此的不完美。遵循這些建議，你或許就會發現可解決問題不再妨礙自己的幸福。

找出衝突背後的深層意義，才能加以解決

如果你和另一半身陷衝突，或許無法明確分辨目前面臨的是僵局，還是可以解決問題。辨別可解決問題有一個方法：相較於永久問題或僵局，這種問題似乎比較不讓人痛苦或緊張。那是因為你們爭論可解決問題時，只會專注於特定困境或情況，沒有其他深層衝突來火上加油。

舉例來說，芮秋與艾蓮諾都抱怨丈夫開車過快。艾蓮諾和丈夫丹為這件事吵了好幾年，丹的回應總是千篇一律，說她反應過度了。丹告訴艾蓮諾，他從未發生車禍。他說自己不是危險駕駛，而是能讓人信賴的安全駕駛。艾蓮諾則說她不懂為什麼丹就是不改駕駛習慣，害她在車上總是緊張，最後她開始吼他、罵他自私，不顧兩人死活。丹反駁，真正的問題是艾蓮諾不信任他。每當他們發生這種口角，他們都更加心灰意冷、倍受傷害，也更加堅持己見，拼命互相詆毀：丹責怪艾蓮諾不願信賴他，艾蓮諾責怪丹不顧他人感受。

對艾蓮諾和丹來說，車速是永久問題，可能永遠揮之不去，因為他們的歧見背後是更為深層的衝突。其實他們是在爭論信賴、安全感、自私等重大議題。為了不讓爭論不休的開車問題葬送婚姻，他們必須瞭解這場爭論對彼此的深層意義。唯有如此，才能有效處理這場爭論。

對芮秋與傑森來說，車速歧見卻不會構成永久問題。他們每天早上一起從郊區的住家開車到市區上班。芮秋覺得傑森開太快，傑森認為都是芮秋拖太久，才得超速彌補她磨蹭掉的時間，否則兩人上班都會遲到。芮秋怪傑森每天早上先沖澡又慢吞吞，所以她早上才會弄很久，而且傑森吃完早餐就把盤子留在桌上，她忙著洗盤子的時候，傑森就按喇叭催她。夫妻倆每天上班前就互相責怪，為了沖澡時間與家事吵來吵去。等到傑森把芮秋載到公司，傑森往往沉默不語，芮秋則強忍淚水。

這對夫妻的車速難題是可解決問題，首先他們吵的是特定狀況，只發生在上班的日子，也不影響兩人生活的其他方面。他們不像艾蓮諾與丹會互相詆毀。他們不是在爭論丈夫自私或太太不信任丈夫，純粹是爭論開車這件事和兩人早上的行程。只要學會更有效的溝通方法，他們就能輕易找出解決這問題的折衷方案。他們首先應該停止責怪對方，想出能準時上班又不必超速的方法。也許他們能把鬧鈴時間提前十五分鐘，讓芮秋先去沖澡，或是傑森要記得洗餐盤。

可是他們若不找出這問題的妥協方案，衝突就會越演越烈，牽扯到更深層的問題。換言之，這問題可能會演變成僵局或永久問題。

以下是各種婚姻衝突的敘述。請針對每種情況，按照自己的想法勾選是可解決問題或永久問題。

1. 克里夫與琳恩之前講好，每天晚餐過後，克里夫要負責把廚房垃圾拿出去倒。可是最近工作期限逼近，他滿腦子都是工作，忘了把垃圾拿出去。最後不是琳恩自己拿去倒，就是垃圾被留在原地，隔天早上整間公寓就像垃圾場臭氣沖天，琳恩氣得火冒三丈。

可解決＿＿＿＿＿永久＿＿＿＿＿

2. 埃莉絲希望減少陪喬爾的時間，多花點時間陪朋友。喬爾說這會讓他覺得自己被人拋棄。埃莉絲說自己不能一直黏著喬爾。喬爾似乎太過依賴她，讓她覺得透不過氣。

可解決＿＿＿＿＿永久＿＿＿＿＿

3. 英葛莉希望蓋瑞有不開心的事要說出來，不要自己生悶氣。可是等到他真的說出英葛莉惹他生氣的事，英葛莉又怪他幹嘛提這些，叫他不要胡亂牽扯。蓋瑞認為討論這種事情很困難，希望說出來會有所回報：他想要英葛莉向他道歉，而不是批評他的溝通方式。

可解決＿＿＿＿＿永久＿＿＿＿＿

4. 海蓮娜每週一晚上都要和姊妹淘碰面。強納生希望海蓮娜能與他一起上交誼舞課程，可是這堂課只開在週一。海蓮娜不想犧牲和好姊妹外出的時光。

可解決＿＿＿＿＿＿永久＿＿＿＿＿＿

5. 潘妮抱怨羅傑指望她獨力照顧剛出生的兒子。羅傑說他也想多幫點忙，可是因為他白天還要工作，不論換尿布或洗澡都不如她熟練。每當他想要幫忙，例如把哭泣的兒子抱起來，潘妮就會說他做錯了。這讓羅傑很生氣，最後他就叫潘妮自己照顧兒子。

可解決＿＿＿＿＿＿永久＿＿＿＿＿＿

6. 吉姆是全職上班族，席亞是家庭主婦。吉姆希望家裡能更整潔有序，也就是要席亞更常打掃，縮短早上準備出門的時間，讓孩子能準時上學。吉姆一副自鳴得意、高人一等的樣子，彷彿是席亞的個性缺陷導致家中雜亂無章。只要吉姆提到這事，席亞就覺得他在找碴，想要反駁他。席亞認為這是他們的家，不是軍營。她認為吉姆不該那麼嚴苛，因為他的要求毫無道理。他們已經為這件事吵了好幾年。

可解決＿＿＿＿＿＿永久＿＿＿＿＿＿

7. 每當布萊恩與艾麗莎意見不合，布萊恩很快就會抬高音量。只要他一開始咆哮，感受沉重壓力的艾麗莎就會制止他。布萊恩認為生氣就該吼，沒什麼不對。然後艾麗莎就開始哭，說自己受不了被人吼。所以他們最後變成爭論布萊恩咆哮的問題，而不是原本造成歧見的問題。

可解決＿＿＿＿＿永久＿＿＿＿＿

8. 自從孩子出生後，柯爾特就覺得艾琳越來越冷落他。照顧孩子的事情她一手包辦，似乎再也沒時間陪伴柯爾特。她不斷想起自己的童年，她兩歲時父母離異，讓她在不同親戚家中寄宿多年。她當初被自己的媽媽拋棄，所以她告訴柯爾特，她不希望兒子也覺得被媽媽拋棄。可是柯爾特覺得艾琳背叛了他，因為他過去最愛艾琳像媽媽一樣照顧他。現在艾琳把所有關愛都給了孩子，讓他覺得自己被騙了。

可解決＿＿＿＿＿永久＿＿＿＿＿

9. 奧斯卡剛繼承姑婆五千美元的遺產。他想拿這筆錢購買家用運動器材，瑪莉卻認為應該把錢留著繳房貸頭期款。奧斯卡說這筆金額對於房貸根本是杯水車薪，所以何不用來及時行樂？可是瑪莉相信積沙成塔，隨時都得盡量省錢。

可解決＿＿＿＿＿＿　永久＿＿＿＿＿＿

10. 安妮覺得布雷特很小氣，捨不得給服務生或計程車司機小費。這讓她頗為失望，因為在她心目中，出手大方的男人才稱得上強悍、性感。當她對布雷特大失所望，就會表現得非常輕蔑。布雷特則認為安妮花錢無度，讓他很不放心。對他而言，金錢代表安全感與對人生的掌控，所以要多給人一分一毫都很困難。

可解決＿＿＿＿＿＿　永久＿＿＿＿＿＿

解答

1. **可解決問題**。克里夫是最近才沒倒垃圾，而且還有特定原因，所以這個問題背後沒有更深層的糾結。換言之，他只是因為工作壓力太大。這個問題可以用以下幾種方法解決：在冰箱門上貼紙條提醒他，或是重新分配家務，在克里夫完成工作之前，暫時由琳恩處理垃圾與雜務。
2. **永久問題**。這問題代表埃莉絲與喬爾的個性有基本差異，顯示兩人對親密關係的需求不同。這個差異不太可能改變，他們只能想辦法適應。

3. **永久問題**。英葛莉與蓋瑞的爭執已經不是普通的溝通問題；癥結不在於特定問題，而在於溝通方式。這問題與特定情況無關，只要兩人意見不合就會發生。

4. **可解決問題**。海蓮娜與強納生能用幾種方法解決這個問題。也許他們可以隔週輪替，一週學舞，一週聚會。也許海蓮娜的朋友願意把聚會改到別天晚上，或是強納生找到別天晚上或週末開設的舞蹈課，或是夫妻其中一人退讓。

5. **可解決問題**。羅傑只需要多花點時間照顧兒子，他的照顧技巧就能迎頭趕上。潘妮則需要停止干涉，讓羅傑用自己的方法照顧兒子。因為這問題無關兩人的深層需求，所以透過妥協就能輕易解決。

6. **永久問題**。當初可能是因為家中清潔這個特定原因，才會產生這個問題。也許吉姆與席亞對雜亂與灰塵的容忍程度不同，對於生活條理也各持己見。可是因為他們尚未找到處理家務的折衷方法，所以持續爭論這些差異。席亞覺得丈夫不重視也不尊重她，吉姆覺得太太並未善盡妻子的義務，沒把家務整頓得有條有理。這場爭論已經演變成埋怨對方，而非純粹抱怨家務。

7. **永久問題**。布萊恩與艾麗莎表達情緒的方式不同。布萊恩比較易怒，這代表他會非常激動，習慣把情緒「發洩出來」。艾麗莎則偏好輕聲的理性討論。當布萊恩開始對她吼叫，她就會不知所措，很快就會感到情緒受到太大衝擊。情緒表達方式是性格的一部分，所以他們都不太可能改變。可是藉由察覺與尊重彼此情緒表達方式，他們還是能找到雙方都能接受的解決方法。

8. **永久問題**。艾琳與柯爾特的問題癥結在於情緒需求不同。孩子出生讓他們的婚姻發生重大改變，讓他們對彼此的需求不再契合。

9. **可解決問題**。奧斯卡與瑪莉的儲蓄觀或許不同，但他們的金錢衝突似乎並未象徵有更深層的差異。相反的，他們是對遺產運用方式產生歧見，所以或許能找到直接的妥協方案，例如用一半的錢買器材，把另一半的錢存起來。

10. **永久問題**。金錢對布雷特與安妮的意義天差地別。金錢觀通常源自童年經歷，布雷特不太可能自動給很多小費，安妮也不太可能突然迷上蒐集折價券。這是個永久問題，更嚴重的是安妮會為此輕視對方。但如果他們能共同面對，這就不會成為兩人關係的棘手難題。

婚姻衝突評量

現在你比較瞭解可解決問題與永久問題的差異了，就可以用這種方法區別自己的問題，然後知道該用哪種策略應對。下面列出兩性關係衝突中常見的十七項原因。請針對每個問題，勾選它在你們的關係中是屬於永久問題、可解決問題，或者目前不是問題。如果是可解決或永久問題，請再勾選讓你困擾的子類別（可複選）。

1. 我們的情感漸漸疏離。

永久＿＿＿＿可解決＿＿＿＿目前不是問題＿＿＿＿

請在以下選擇符合者：

□我們光和彼此說話都有困難。
□我們的情感交流越來越少。
□另一半認為我的付出都是理所當然。
□另一半現在不瞭解我。
□另一半（或是我）很疏離。
□我們相處的時間變少。

評註：

2. 我們之間出現過多婚姻以外的壓力（如工作壓力）。

永久＿＿＿＿可解決＿＿＿＿目前不是問題＿＿＿＿

請在以下選擇符合者：

- □我們不常幫彼此抒解日常壓力。
- □我們不會討論這些壓力。
- □我們討論壓力的方式並沒有幫助。
- □聽完我的壓力與擔憂後，另一半無法感同身受。
- □另一半拿我發洩工作或其他壓力。
- □另一半拿孩子或他人發洩工作或其他壓力。

評註：

3. 我們的婚姻變得毫無浪漫與熱情，愛情火花漸漸熄滅。

永久＿＿＿＿可解決＿＿＿＿目前不是問題＿＿＿＿

請在以下選擇符合者：

□對方不再對我甜言蜜語。

□對方表達愛意與讚賞的頻率減少。

□我們很少碰觸彼此。

□另一半（或是我）不再充滿愛意。

□我們很少擁抱。

□我們少有溫柔或熱情的時刻。

評註：

4. 我們的性生活遇到問題。

永久＿＿＿＿可解決＿＿＿＿目前不是問題＿＿＿＿

請在以下選擇符合者：

□性行為頻率減少。

□我（或是另一半）對性愛的滿意度降低。

□我們無法討論性愛問題。

□我們對性的需求不同。

□我們做愛時的愛意減少。

評註：

＿＿＿＿＿＿＿＿＿＿＿＿＿＿＿＿

＿＿＿＿＿＿＿＿＿＿＿＿＿＿＿＿

5. 我們無法妥善應對重大改變（如孩子出生、失業、搬家、生病或親友過世）。

永久＿＿＿＿可解決＿＿＿＿目前不是問題＿＿＿＿

請在以下選擇符合者：

□對於處理事情的方法，我們的看法截然不同。

□這件事讓另一半變得十分疏離。

□這件事讓我們變得暴躁易怒。

□這件事常害我們吵架。

□我擔心這件事對我們的影響。

□我們的立場大不相同。

評註：

6. 我們無法妥善處理關於孩子的重大問題（包括是否要生孩子）。

永久＿＿＿＿可解決＿＿＿＿目前不是問題＿＿＿＿

請在以下選擇符合者：

□我們對孩子的期望大不相同。

□對於管教孩子的原因，我們抱持不同意見。

□對於管教孩子的方法，我們抱持不同意見。

□我們無法親近孩子。

□我們無法好好討論這個問題。

□我們的立場差異導致許多壓力與憤怒。

評註：

7. 我們無法妥善處理親戚的重大問題／事件。

永久＿＿＿＿可解決＿＿＿＿目前不是問題＿＿＿＿

請在以下選擇符合者：

□我覺得另一半的家人不接受我。

□我有時不知道另一半到底接不接納我家人。

□我覺得自己的家人不接受我。

□我們對可能發生的狀況感到緊張。

□這問題讓人非常易怒。

□我擔心這問題／事件會導致的結果。

評註：

8. 夫妻中有人在外搞曖昧、最近偷過情，或是有人吃醋。

永久＿＿＿＿可解決＿＿＿＿目前不是問題＿＿＿＿

請在以下選擇符合者：

□這個問題讓其中一人很受傷。

□這個問題讓其中一人沒有安全感。

□我無法忍受謊言。

□難以重建信任。

□我覺得遭到背叛。

□ 我難以擺脫此事陰影。

評註：

9. 我們曾發生不愉快的爭吵。

永久＿＿＿＿可解決＿＿＿＿目前不是問題＿＿＿＿

請在以下選擇符合者：

□ 我們現在更常吵架。

□ 彷彿無緣無故就會吵架。

□ 我們在相處時，兩方變得憤怒與易怒。

□ 我們陷入彼此傷害的泥淖。

□ 我覺得最近不受尊重。

□ 我覺得遭受批評。

評註：

10. 我們擁有不同的基本人生目標、價值觀或理想生活方式。

永久＿＿＿＿＿可解決＿＿＿＿＿目前不是問題＿＿＿＿＿

請在以下選擇符合者：

□人生目標有所不同。

□重要信仰有所不同。

□休閒興趣有所不同。

□我們想要的事物不同。

□我們漸行漸遠。

□我不太喜歡在另一半面前的自己。

評註：

11. 我們的婚姻發生讓人不安的事件（例如家暴、吸毒、外遇）。

永久＿＿＿＿可解決＿＿＿＿＿目前不是問題＿＿＿＿

請在以下選擇符合者：

□婚姻中發生肢體暴力。

□我們其中一人酗酒或吸毒。

□這段婚姻不是我想要的。

□我們的婚姻正在改變。

□另一半的需求讓我生氣或反感。

□我對這個婚姻有點失望。

評註：

＿＿＿＿＿＿＿＿

＿＿＿＿＿＿＿＿

12. 我們無法分工合作。

永久＿＿＿＿＿＿可解決＿＿＿＿＿＿目前不是問題＿＿＿＿＿＿

請在以下選擇符合者：

□我們以前會分擔更多家事。

□我們似乎立場相左。

□在家事與照顧孩子上，另一半沒有公平分擔。

□另一半沒分擔經濟壓力。

□我覺得只有我在操持家務。

□另一半不是非常體貼。

評註：

13. 我們難以分享權力或接納對方的意見。

永久＿＿＿＿＿＿可解決＿＿＿＿＿＿目前不是問題＿＿＿＿＿＿

請在以下選擇符合者：

□ 我覺得自己無法干涉兩人共同的決定。

□ 另一半控制欲變強。

□ 我變得更愛要求。

□ 另一半變得很消極。

□ 另一半很容易恍神，這對兩人婚姻毫無助益。

□ 我開始在意家中由誰作主。

評註：

______

______

14. 我們難以妥善處理財務問題。

永久______可解決______目前不是問題______

請在以下選擇符合者：

□ 夫妻其中一人的收入不夠多。

□ 我們花錢的觀念不同。

□我們的財務很緊迫。

□另一半比較在乎自身財務，而不是兩人的財務。

□我們無法對管理財務有共識。

□財務規畫不足。

評註：

15. 最近我們都沒出去玩。

永久＿＿＿＿可解決＿＿＿＿目前不是問題＿＿＿＿

請在以下選擇符合者：

□我們似乎沒時間去玩。

□我們試過出去玩，但似乎不太享受兩人時間。

□我們壓力太大了，無法去玩。

□我們最近時間都被工作塞滿了。

□我們的興趣迥異，沒有喜歡的共同活動。

□我們計畫做點好玩的事，可是從未實際去做。

評註：

____

____

16. 最近我們在信仰議題上不太契合。

永久________可解決________目前不是問題________

請在以下選擇符合者：

□我們沒有相同信仰。

□對於宗教概念與價值觀，我們各持己見。

□對於特定教派，我們各持己見。

□我們在信仰議題上溝通不良。

□我們的心靈成長與改變發生問題。

□我們遇到家庭或孩子的信仰問題。

評註：

17. 對於參與社群團體的活動，我們的意見相左。

永久＿＿＿＿可解決＿＿＿＿目前不是問題＿＿＿＿

請在以下選擇符合者：

- □對於與朋友、他人或群體來往，我們擁有不同感受。
- □對於推動社群活動的機構或團體，我們在意的程度不同。
- □對於投入社群機構（政黨、學校、醫院或其他機關等）的時間，我們抱持不同意見。
- □對於為慈善機構服務或計劃推動，我們的意見不合。
- □對於行善助人，我們的意見不合。
- □對於是否領導社群團體的服務，我們抱持不同看法。

評註：

分數：針對這些造成問題的常見原因，算算自己所勾選的有多少。只要勾選超過兩項者，就算是你婚姻中的主要衝突範圍。關於可解決問題，在第八章會有相關建議。可是如果你遇到的是永久問題，請按照第十章的建議處理。很顯然你會發現自己與大多數人一樣，在婚姻中都得面對這兩種問題。

所有衝突的解決關鍵：表達接納

在後面的章節裡，本書會深入說明處理問題的技巧（不論是永久問題或者是可解決問題），不過，在此先提供一些整體建議。有效處理這兩種問題的基本道理是相通的：也就是表達你對另一半個性的接納。因為除非你覺得對方是瞭解你的，否則你幾乎不可能接受對方的建議，這是人性使然。所以，在你要求另一半改變開車、吃飯或是做事的方式以前，必須先讓對方覺得你瞭解他／她。你們當中若有一人（或者雙方）覺得遭受到對方批判、誤解或嫌棄，就會無法處理這些問題。大小問題皆是如此。

如果你從自身的角度去想，也許就能輕易體認到這個道理。比如說你與老闆意見不和，你希望另一半能提供建議。如果對方立刻開始批評你，堅持老闆是對的，你是錯的，你和老闆槓上根本是有毛病，你大概會很後悔自己提起這件事。你很有可能會想要辯駁，感到憤怒、冒犯、傷心或百感交集。

然而你的另一半也可能會很誠懇地說：「但我只是想要幫忙。」所以以下這兩句話可說是天差地別：「你真是個爛駕駛，麻煩你開慢點，別害死我們好嗎？」和「我知道你很喜歡開快車，但是你超速會讓我很緊張。可以請你開慢一點嗎？」

雖然第二種說法可能得花久一點時間表達，但是多花的時間是絕對值得，因為這才是唯一有效的講法。事實上，唯有當人覺得對方喜歡或接受自己，才會願意改變。當自己覺得被人批評、討厭與虧待，就不會想要改變，反而會覺得被逼到絕境，想尋求掩護自保。

兩方衝突中沒有絕對事實，只有兩種主觀事實

在這方面，成人可以從兒童的成長過程中學習。如果想對孩子灌輸正面的自我形象與有效的社交技巧，關鍵就是要表達我們瞭解孩子的感受。我們要接受孩子的情緒，像是「那隻狗狗嚇到你了」、「你很傷心所以才會哭」、「你聽起來很生氣，我們好好談談吧」。不要因為有這些感受而輕視或處罰他們，例如說：「你真傻，竟然被這種小狗嚇到」、「大男生不准哭」、「家裡不准有人愛生氣，你給我待在房間裡，冷靜了才准出來」。如此一來，他們才能成長與改變。當你讓孩子知道他們能擁

有這些情緒，你也等於是在向他們傳達一個訊息：就算他們傷心、難過或害怕，你還是願意接納他們。這能讓孩子比較喜歡自己，而更可能朝正向發展與改變，這點對成人亦是如此。為了改善婚姻，我們必須感受到另一半的接納。

另一個重要的功課就是，每一次吵架，無論是可解決問題或永久問題，沒有人是只對不錯的。婚姻衝突中沒有絕對事實，只有兩種主觀事實。希望透過以下練習的詳細示範，你能學會如何分析最近一次的爭吵（不論是哪種類型），藉此幫助自己體認何謂主觀事實。

練習：最近一次的爭吵

以下問題是關於你們最近一次的爭吵，回答這些問題後，你會發現這個練習與第五章的練習三極為相似（「另一半沒有回應時，該怎麼辦？」）。那是因為這些情況都是源自「主觀事實」。換言之，當你和對方在大小問題上看法不一致（如冷戰與吵架），可能是你們對問題本身與肇因看法迥異。不論兩人的衝突是永久或可解決問題，你們會發現只要更加尊重對方的觀點（即使和你大不相同），這個衝突就會容易處理多了。

以下問題沒有標準答案。請運用這些題目，與另一半一起探索內心。

我在上次爭吵時覺得：

	完全符合	符合	稍微符合	完全不符合
1. 防備心重	完全符合	符合	稍微符合	完全不符合
2. 傷心	完全符合	符合	稍微符合	完全不符合
3. 生氣	完全符合	符合	稍微符合	完全不符合
4. 難過	完全符合	符合	稍微符合	完全不符合
5. 被誤解	完全符合	符合	稍微符合	完全不符合
6. 被批評	完全符合	符合	稍微符合	完全不符合
7. 煩惱	完全符合	符合	稍微符合	完全不符合
8. 忿忿不平	完全符合	符合	稍微符合	完全不符合
9. 不被在乎	完全符合	符合	稍微符合	完全不符合
10. 毫無吸引力	完全符合	符合	稍微符合	完全不符合
11. 厭惡感	完全符合	符合	稍微符合	完全不符合
12. 不認同另一半	完全符合	符合	稍微符合	完全不符合
13. 想要離開	完全符合	符合	稍微符合	完全不符合
14. 意見不被重視	完全符合	符合	稍微符合	完全不符合
15. 不清楚自己的感受	完全符合	符合	稍微符合	完全不符合
16. 孤單	完全符合	符合	稍微符合	完全不符合

造成這些感受的原因？

	完全符合	符合	稍微符合	完全不符合
1. 感覺受到排斥	完全符合	符合	稍微符合	完全不符合
2. 另一半覺得我不重要	完全符合	符合	稍微符合	完全不符合
3. 對另一半態度冷淡	完全符合	符合	稍微符合	完全不符合
4. 明顯遭到對方冷落	完全符合	符合	稍微符合	完全不符合
5. 被批評	完全符合	符合	稍微符合	完全不符合
6. 感覺不到對另一半的愛意	完全符合	符合	稍微符合	完全不符合
7. 覺得自己對另一半沒有吸引力	完全符合	符合	稍微符合	完全不符合
8. 自尊心受到傷害	完全符合	符合	稍微符合	完全不符合
9. 對方的態度霸道	完全符合	符合	稍微符合	完全不符合
10. 完全無法說服另一半	完全符合	符合	稍微符合	完全不符合

現在你們已釐清爭吵起因，接下來請探究各自的情緒反應是否源自於個人的過去。請參照第三章的練習三，看看早期創傷或行為與現今情況有無關聯。請運用下列清單，探索過去與現在的連結。

最近這次爭吵的根本在於：（可複選）

□ 從小家人對待我的方式。

□先前的感情。

□我經歷過的傷害、艱困時光或創傷。

□我的重大恐懼與不安感。

□尚未解決或放下的事物。

□尚未實現的希望。

□過去人家對待我的方式。

□我對自己長久以來的想法。

□揮之不去的過往「惡夢」或「困境」。

在看過彼此的回答後，希望你們會發現，人類是一種極為複雜的生物，行為與反應都受到各種感知、想法、感覺與記憶左右。換言之，事實具有主觀性質，所以你與另一半可能對這次爭吵看法不同，但你們對實際經過的認知並無誰對誰錯。

人們容易犯的重大錯誤，就是把吵架全都怪罪在另一半身上。事實上，這不是任何人的錯。為了打破這種責怪對方的模式，雙方都必須承認問題的發生多少與自己有關（不論程度高低）。下面的清單可以提供幫助，請從中圈選出符合自己的情況，與造成夫妻爭吵的可能原因。（先讓身心都恢復平靜再進行。可參照第八章的自我安撫步驟，放下產生焦慮的念頭、被誤解的感覺、忿忿不平的感受或無辜受害者的心態。）

1. 我最近十分焦躁和易怒。　完全符合　稍微符合
2. 我最近很少對另一半說好話。　完全符合　稍微符合
3. 我最近非常敏感。　完全符合　稍微符合
4. 我最近老愛吹毛求疵。　完全符合　稍微符合
5. 我最近很少分享內心的事。　完全符合　稍微符合
6. 我最近很憂鬱。　完全符合　稍微符合
7. 我會用心有芥蒂形容最近的自己。　完全符合　稍微符合
8. 我最近並不溫柔深情。　完全符合　稍微符合
9. 我最近沒有當個稱職的傾聽者。　完全符合　稍微符合
10. 我覺得最近自己太過犧牲、委曲求全。　完全符合　稍微符合

整體而言，我對引發這場紛爭要負哪些責任？

我以後要如何改善這樣的情況？

為避免問題重演，下一次另一半能做哪一件事情？

包容對方的缺點，拋開過往

當你們做完這些練習後，如果你或另一半依然難以接受彼此觀點，那就一起多做點第四章的練習（培養愛戀與愛慕），這樣或許會有所幫助。我發現結婚多年後依然幸福的夫妻有個共通點，那就是因為他們互相愛戀與愛慕，所以即使彼此有些小毛病，他們還是喜歡跟對方相處。我們研究過結縭多年的夫妻，發現他們都是這方面的箇中好手。他們都已結婚多年，有些人已經四十多年。在整個婚姻生活中，他們學會完全接納配偶的特色與個性，笑看另一半的缺點與癖好。

舉例來說，有位丈夫永遠少根筋，老是遲到、手忙腳亂，他太太卻總能一笑置之，並找出解決之道。如果他們必須趕去機場，她告訴丈夫的飛機起飛時間就會提早三十分鐘。丈夫也知道太太在騙他，兩人會為此哈哈大笑。還有一位太太每週會瘋狂購物一次，讓她丈夫覺得有趣又驚恐，而且她幾乎會退回半數商品，搞得付帳單時很難算清。

這種夫妻總能想方設法寬待另一半的缺點。所以雖然他們也會對彼此傳達各種情緒，包括易怒、惱火、失望及傷心，他們也會表達基本的喜愛與尊重。無論他們討論什麼問題，兩人都會傳達愛意、接受對方的訊息，而且「毫不保留」。

記恨是太沉重的負擔

夫妻若無法做到這一點，有時候問題出在無法寬恕彼此過去的差異。人非常容易記恨。為了讓婚姻幸福長久，你必須學會寬恕，拋開過往怨恨。這點很難做到，可是絕對值得一試。只要你原諒另一半，夫妻雙方都會受益。記恨是很沉重的負擔。正如同莎士比亞在《威尼斯商人》中寫道：「寬容他人，施者受者都會加倍有福。」

第八章　法則5：解決可解決的問題

當一對伴侶尊重彼此，接受對方觀點，他們顯然擁有解決任何差異的良好基礎。可是常常兩個人在嘗試說服對方或解決歧見時失焦。對話可以有所收穫，而不是都在比誰吼得大聲，或是各生悶氣。如果這與你們的情況相似，你也確定自己想要處理的問題是可以解決（請參閱第七章），那麼解決關鍵就是學習一種新的方式來消弭衝突（此處的建議多少也有助於處理陷入僵局的問題，但可能還無法完全奏效。為了解決箝制婚姻的永久問題，請務必參閱第十章「打破僵局」的第六法則。）

許多婚姻諮商都會提倡一種廣為流傳、用以解決衝突的方法：那就是試著設身處地為另一半著想，同時專注聆聽對方想說的話，然後感同身受進行溝通，以對方觀點看待眼前困境。如果做得到的話，這個方法是還不錯。可是如前所述，許多夫妻都做不到，就連許多婚姻幸福的夫妻也辦不到。多數恩愛的夫妻在爭吵時並未遵循專家的溝通要則。可是他們還是能夠解決衝突。

藉由特別研究這些夫妻的實際行為，本書提出幸福伴侶解決衝突的一種新模式。這第五個法則是按照下列步驟進行：

1. 圓融的開場
2. 學習釋出與接受示好訊息
3. 安撫自我與彼此
4. 互相妥協
5. 包容彼此的缺點

這些步驟根本不太需要「訓練」，因為我們大多已經會這些技能；只是在最親密的關係中，我們不再習慣使用這些技能。就某種程度來說，本書第五個法則歸根結柢就是以禮相待。這代表你對另一半要與朋友同樣尊重。如果客人忘了帶走雨傘，我們會說：「你忘了拿傘。」我們不會對客人說：「怎麼搞的你？老是忘東忘西。不能細心點嗎？我誰啊？在你後面收東西的佣人嗎？」就算和客人處得不愉快，我們還是會在意對方的感受。如果客人打翻飲料，我們會說：「沒關係，再倒一杯好嗎？」而不是說：「你剛剛毀了我最好的桌巾。你怎麼做什麼都讓人擔心！我再也不會邀你來我家。」

還記得那位羅理醫生嗎？他太太在聖誕節帶孩子去醫院跟他聚餐，但他對太太的態度非常惡劣。

然後一位住院醫師來電，羅理醫生卻突然變得十分親切。這不是什麼罕見的現象，有些夫妻在吵得不可開交之際，丈夫或太太接起電話，有可能馬上變得笑容滿面說：「你好。沒問題，我們可以去吃午餐。星期二可以。很遺憾你沒有得到那個工作。你一定很失望吧。」原本暴跳如雷、毫不退讓的人，卻在一瞬間變得身段柔軟、通情達理、善解人意又體貼窩心。等到通話一結束，丈夫或太太又因為對方馬上滿臉怒容或沉默不語。其實根本不需要鬧得這麼僵。請記住，以下步驟其實只是讓你把另一半當成熟識的友人對待，更何況對方還是你發誓廝守終生的人。

步驟一：圓融的開場

幸福與不幸福婚姻若有什麼相似之處，那就是太太都比較容易提出棘手問題，敦促另一半解決。可是在這兩種婚姻中，太太提出問題的方式有天壤之別。還記得妲拉嗎？只要夫妻倆一談到家事，她就會對丈夫發火，立刻開始諷刺與挖苦丈夫，否決他的所有提議。她說：「你真以為自己做事很有條理？」、「我想你比較擅長回家就躺著，或是躲進浴室吧。」

來比較這位太太咄咄逼人的說法（尖銳的開場）與以下另一位裘絲汀的說法。裘絲汀與先生婚姻幸福，但是他們也遇到相同問題：丈夫不分擔家事。她很討厭到最後都是自己摺完所有洗好的衣服，這點也最讓她生氣。她在愛情實驗室向先生提出這個話題，說了以下這番話：

裘絲汀：好吧（深呼吸），我們來討論家事。

邁克：好啊，我是說，只要我們有煮東西，我一定都把廚房流理台與餐桌清乾淨。（辯解）

裘絲汀：嗯嗯，你確實有做到。（示好訊息）

邁克：嗯嗯。（他鬆了口氣；裘絲汀的示好訊息奏效。）

裘絲汀：只是有時家事都沒人做，像髒衣服就堆積如山……（圓融的開場）

邁克：沒錯，我都沒想到要洗衣服（大笑）。我是說，我壓根忘了這事。（不再辯駁）。

裘絲汀（大笑）：你還真可愛，不然你以為衣服是誰洗的？你天天都要穿衣服啊。

邁克：是啊，我想也是。

裘絲汀：也許這也還好，我是後來才發現。

邁克：這個嘛，我沒想到我們還得洗衣服（竊笑）。

裘絲汀：其實都是提姆在幫我們摺衣服（提姆是公寓大樓的鄰居，洗衣機與烘乾機都放在公共洗衣間）。我拿床單去洗，等我去收的時候床單都摺好了。

邁克：也許我們該把洗衣籃放在他家？

裘絲汀：（大笑）（兩人開的玩笑緩和了緊張氣氛，降低心跳速率）。

邁克：這樣吧，或許每隔一天，我下班回家第一件事……

裘絲汀：對啊，你可以先摺一些起來，特別像是毛巾、內衣與床單……

邁克：沒錯，我會檢查洗衣籃。（他接受太太的建議。）

裘絲汀：好的。

或許這段對話最重要之處，就在於可怕的四騎士並未出現。四騎士分別是批評、輕蔑、辯解與放棄溝通，他們代表了傷害婚姻的衝突特徵。因為裘絲汀採取圓融的開場，所以這段對話沒有出現四騎士。相較之下，尖銳開場通常會導致四騎士輪流出場，造成情緒衝擊難以負荷，使得兩人感情疏離，覺得寂寞孤單，最終導致婚姻走向終點。只有四成夫妻是因為常常大吵而離婚。兩方往往都是因為要避免口角不斷，而逐漸疏離對方，導致雙方的友誼與連結蕩然無存。

所以當邁克承認自己壓根沒想到要洗衣服，裘絲汀沒有批評他或變得輕蔑，這點是如此重要。她反而大笑說「真可愛」。由於裘絲汀對邁克很溫柔，兩人的溝通才能有確實的效果：他們想出解決衝突的計畫。因為他們能做到這點，所以這場討論讓他們對自身與婚姻留下正面感受。那種感受就是夫妻的「感情存款」，可以引導出客觀態度，幫助夫妻解決下一次的衝突。

圓融開場不是非得委婉不可，只是絕對不能批評或輕蔑。在健康、有活力的婚姻中，夫妻也可能會針鋒相對。太太很可能會說：「嘿，我知道自己有時候也很懶惰，但你昨晚明明經過洗衣籃，卻不停下來摺一下床單，這真的讓我很生氣。我討厭都是我在摺所有床單。」這些話語都屬於圓融的開場，因為是直接抱怨，沒有批評或輕蔑指責。

圓融的開場對解決衝突至關重要，因為根據研究發現，兩個人討論到最後常常還是回到原點。所以在96％的情況中，只要聽完前三分鐘，我就能預測衝突討論的結果！如果你用尖銳開場展開爭吵，也就是你對另一半使用言語攻擊，起初的緊張情勢到最後是有增無減。可是你若使用圓融的開場，也就是做出抱怨，可是不批評或攻擊，討論就可能會有結果。倘若你們大部份的爭吵都使用圓融開場，你們的關係就可能很穩定幸福。

雖然夫妻任何一方都可能得為尖銳開場負責，但罪魁禍首多半是太太。這是因為太太比丈夫有可能會提起麻煩事，並敦促對方解決。丈夫比較會試著逃避難以面對的問題。如前所提，這種性別差異是有生理上的因素。男性身體比較容易出現因情緒衝擊而無法負荷的狀況，因為丈夫會比太太對情緒壓力反應更激烈，所以丈夫們比較會避免針鋒相對。

尖銳開場評量

若想知道你的婚姻是否存在尖銳開場這個問題，請回答以下問題。讀完以下每個句子，然後圈選「是」或「否」。

當我們開始討論婚姻問題時：

1. 另一半常批評我。「是」「否」
2. 我討厭另一半提問題的方式。「是」「否」
3. 我們常常突然就吵起來。「是」「否」
4. 不知怎麼回事，兩人就吵起來。「是」「否」
5. 當另一半抱怨我，我覺得對方是在有意刁難。「是」「否」
6. 問題似乎總是推到我身上。「是」「否」
7. 另一半實在太過負面。「是」「否」
8. 我必須抵禦人身攻擊。「是」「否」
9. 我常常得否認另一半的指責。「是」「否」
10. 另一半太容易覺得受傷。「是」「否」
11. 錯的人往往不是我。「是」「否」
12. 另一半會批評我的個性。「是」「否」

13. 另一半會透過侮辱我的方式提出問題。「是」「否」
14. 另一半抱怨時會自以為是、彷彿高人一等。「是」「否」
15. 兩人間的負面情緒讓我忍無可忍。「是」「否」
16. 當另一半抱怨我，我覺得對方根本不尊重我。「是」「否」
17. 只要另一半開始抱怨，我就想一走了之。「是」「否」
18. 我們會突然失去冷靜。「是」「否」
19. 另一半的負面情緒讓人緊張不安。「是」「否」
20. 另一半會完全失去理性。「是」「否」

計分方式：每圈選一個「是」，即得一分。

五分以下：這方面是你們婚姻裡的一項優勢。你和另一半能平和討論難題，而不會批評或輕蔑對方。因為你們避免變得尖銳，所以大有機會解決衝突和學會處理衝突。

五分（含）以上：你們的婚姻在這方面還有改善空間。這個分數顯示，當你們在討論兩人的歧見時，其中一人容易變得尖銳。那代表你們會立刻引出四騎士中的至少一位出場，如此勢必會讓問題一發不可收拾。

雖然太太通常得為尖銳的開場負責，不過避免尖銳開場的秘訣乃在於兩人要共同落實本書前四項的法則。如此一來，太太的開場也會變得圓融。如果另一半常以尖銳方式提出問題，建議就是務必讓對方覺得你了解、尊重，並深愛著他／她，讓另一半知道你願意接受意見。當太太覺得丈夫不能回應她的小小抱怨或怒火，往往就會導致尖銳開場的反應。所以如果你能回應這些小要求，像是「換你去倒垃圾了，拜託」，就能避免讓情況惡化成「你是怎樣？聾了嗎？快點去倒垃圾啦！」

如果你是尖銳開場的始作俑者，變得圓融就攸關你的婚姻成敗。請記得，若是直接攻擊要害，就會讓對方血流如注，結果不是全面開戰，就是另一半變得沉默寡言，無法進行任何有意義、有結果的討論。如果另一半讓你很生氣，不妨先深呼吸，在越陷越深前先想一想，這麼做絕對是值得的。心平氣和討論才比較有可能解決衝突，如果不斷提醒自己這點，你就比較容易做到。如果你氣到無法心平氣和討論問題，暫時不談才是上上之策，等到冷靜下來再說。在和另一半討論問題之前，請先按照本章後面的自我安撫步驟做一遍。

以下提供一些確保可以心平氣和開場的建議：

可以抱怨，不要責備。假設你很憤怒，因為另一半不管你的質疑，堅持要買隻小狗。對方還發誓保證，絕對會幫小狗清理乾淨。可是現在每次只要你出去倒垃圾，就會發現院子裡「滿地黃金」。抱怨當然是可以，你可以這樣說：「院子到處都是狗屎耶。明明說好你會清理。這讓我很生氣。」雖然這話說得很直接，但不是攻擊。你只是針對特定情況抱怨，並非埋怨另一半的個性或性格。

可是若是像下面這樣說就不太好了。「你看，院子滿地都是狗屎，都是你的錯。我就知道你不會照顧好小狗，當初根本不該相信你。」就算你覺得自己有正當理由責怪另一半，也不該這麼做，因為不會有效果。就算另一半被你責怪後會清理庭院，也會增長緊張、怨恨與防備等情緒。

以「我」開場，避免用「你」。自從六〇年代，「我訊息」儼然成為人際心理學的主流。當時備受尊崇的心理學家海姆・吉諾特（Haim Ginott）指出，相較於「你訊息」，用「我」開場的「我訊息」通常比較不帶批評，也比較不會讓聽者想要辯駁。你可以從以下例句看出兩者的差異：

「你沒在聽我說話。」跟「我希望你能聽我說。」

「你花錢真隨便。」跟「我想多存點錢。」

「你就是不關心我。」跟「我覺得被忽視。」

以上的「我訊息」顯然比「你訊息」溫和許多。你當然也可以加以反駁，造出一些完全不溫和的「我訊息」，例如「我覺得你很自私」。所以重點不在於套用一堆心理學的術語來和另一半說話。只要記住，如果你的話是專注於自身感受，而不是指責對方，兩人的討論絕對會更有效果。

描述事實，不要評論或論斷。不要指責與責備對方，純粹描述所見的事情就好。別說「你從沒照顧過寶寶」，要說「今天好像只有我在照顧孩子」。這樣能避免讓另一半覺得你在攻擊，然後就會開始辯駁，而不會真正考慮你的論點。

清楚表達。別指望另一半會讀心術。與其說「你也不把飯桌清一下」，不如說「你把飯桌清一清，我會很感激」。或者，別說「你就不能照顧一下寶寶嗎」？要說「請幫寶寶換尿布，餵個奶。」

以禮相待。加禮貌用語，像是「請」與「只要你……，我會很感激」。

懂得讚美。如果另一半以前把同樣的事情處理得很好，那當你想要求對方做什麼時，先稱讚對方過去做了什麼，你很希望能再看到。與其說「你都不再花時間陪我」，不如說「還記得我們以前怎麼度過週末夜嗎？我喜歡和你在一起，知道你也想在我身邊，我覺得好開心。讓我們重現往日情景吧。」

切勿積怨。當兩個人快爆發怒火，互相指責，是很難保持心平氣和。所以別把問題憋太久，否則問題只會在心中逐漸惡化。

如果想知道如何運用上述這些步驟，創造出圓融的開場，請比較下列兩段交談中說話的方式：

尖銳開場

愛芮絲：我又在浪費週六時間，在你後面收拾東西。你真糟糕……（批評、責備）

理察：又來了。「你真糟糕……你真糟糕……」我根本沒做錯什麼啊！

愛芮絲：那為何我總得告訴你該做什麼事？算了，反正我幫你把東西都清理好了。還是你忙著滑手機，根本沒注意到？（輕蔑）

理察：我跟你說，我討厭收東西，我知道你也不喜歡。我一直在想我們該怎麼做。（示好訊息）

愛芮絲：那我倒要聽聽你有何高見。（更加輕蔑）

理察：這個嘛，其實我是在想讓我們度個假休息一下。如果回來有人幫你打掃好，不是很棒嗎？（第二個示好訊息）

愛芮絲：少來了，我們請不起清潔公司，更不可能有那樣的假。

圓融開場

愛芮絲：家裡真是亂，今晚還有人會來家裡（描述事實）。週六都只有我在打掃，我真的很生氣（「我訊息」）。拜託，幫幫忙吧。也許你幫我用吸塵器吸一下地（清楚表達）。

理察：好吧。我最討厭打掃了，但吸塵器算是最輕鬆的苦差事。浴室打掃也交給我吧。

愛芮絲：那可真是幫了我大忙（讚美）。謝謝你（以禮相待）。

理察：我們打掃完應該犒賞自己一下。我們去外面吃飯吧。

愛芮絲：好啊。

當改用圓融開場，另一半可能不會突然就貼心起來。也許對方還是覺得你會批評或加以輕蔑，所以依然採取負面回應。不要放棄，也別落入讓衝突惡化的陷阱。只要繼續溫和圓融地開場，最後你就會發現對方也改變了回應方式。如果你們學習過第五個法則的其他面向，另一半的改變就會更顯著。

尖銳開場與圓融開場的對比範例如下：

尖銳開場：你都不想碰我了。

圓融開場：前幾天你在廚房親我，我好喜歡那樣。你是天生的親吻高手，我們再多親幾下吧。

尖銳開場：我看到你又把車子撞凹了。你到底什麼時候才不會這麼魯莽？

圓融開場：我看到車子的新凹痕，發生了什麼事？你開車總是讓我很擔心，我希望你能夠平平安安。我們可以談談這件事嗎？

尖銳開場：你都把我當空氣！

圓融開場：我很想你，我覺得有點寂寞。

練習一：圓融開場

現在來測試你「將尖銳開場轉化為圓融開場」的能力。針對下列各項敘述的狀況，想出一個圓融開場。（後面有建議答案，可是盡量先別看。）

1. 當你岳母（或婆婆）今晚來訪，你打算告訴她，每次她批評你教養子女的方式，讓你覺得很難過。另一半只要提到自己媽媽就會防備心就很重，你希望對方能夠支持你。

尖銳開場：每次只要你媽來，我都很受不了。

你的圓融開場：

2. 你希望另一半明晚幫你做飯，或是帶你出去吃飯。

尖銳開場：你哪裡也不帶我去。家裡都是我在煮飯，我受不了了。

你的圓融開場：

3. 參加聚會時，你覺得另一半都是跟別人在一起，而不是在你身旁。你希望另一半今晚都與你在一起。

尖銳開場：我就知道，今晚你又想在聚會上不要臉地和別人亂說笑。

你的圓融開場：

4. 你們有一陣子沒做愛了，你對此不太開心，因為你不確定自己對另一半是否還有吸引力。你希望兩人今晚可以恩愛一下。

尖銳開場：你總是對我很冷淡！

你的圓融開場：

5. 你希望另一半能爭取加薪。

尖銳開場：你真沒用，不敢為我們要求加薪。

你的圓融開場：

6. 你希望兩人週末能多出去玩。
尖銳開場：你都不懂得享樂，你這個工作狂。
你的圓融開場：

7. 你希望兩人能多存點錢。
尖銳開場：你一點都不懂得理財。
你的圓融開場：

8. 你希望另一半能花錢買禮物給你驚喜。
尖銳開場：你有多久沒買東西送我了？
你的圓融開場：

建議答案：

1. 我擔心你媽今天晚上會批評我，然後你都不幫我說話。
2. 我煮飯煮得好累。如果你能帶我出去吃，那就太好了。
3. 我今晚還是很怕生，因為你非常健談，請陪在我身邊，讓我比較容易開口與別人交談。

4. 我好想你。你知道你好迷人，我們來做愛吧！
5. 你若能盡快加薪，那就太好了。我們來討論怎麼爭取加薪，好嗎？
6. 我真希望與你共度週末。你可不可以不要再工作了，我們去外面玩好嗎？最近有部很棒的電影我很想看。
7. 我擔心我們存的錢不夠。我們一起想個存錢計畫，好嗎？
8. 我最近很沒勁，我很希望這週我們互送禮物給對方驚喜。你覺得怎麼樣？

步驟二：學習釋出與接收示好訊息

在上駕訓課時，教練首先會教你怎麼剎車。踩剎車也是婚姻中的一個重要技巧。如果夫妻一開始就話不投機，或是發現兩人陷入交相指責的無限循環，只要懂得如何剎車，就能夠避免一場災難。而這些剎車可以稱為「示好訊息」。

當邁克變得有防備心並說：「只要我們有煮東西，我一定都把廚房流理台與餐桌清乾淨。」裘絲汀不會立刻駁斥他，而是說：「嗯嗯，你確實有做到。」這就是能夠舒緩緊張情勢的示好訊息，讓邁克更有可能接受兩個人一起找出妥協方案。穩定的婚姻與其他婚姻的差異在於，前者的示好訊息不一定技巧更好、或是經過更縝密的思考，而是他們的示好訊息能確實傳達給另一半。這是因為這些夫妻並未被大量負面情緒淹沒。

示好訊息評量

為評估示好訊息在你們兩人關係中是否有效，請回答下列問題。讀完每個問題，然後圈選「是」或「否」。

當我們企圖解決衝突時：

1. 我們很善於適時踩剎車。「是」「否」
2. 另一半通常會接受我的道歉。「是」「否」
3. 我願意認錯。「是」「否」
4. 我很能保持冷靜。「是」「否」
5. 我們都愛說說笑笑。「是」「否」
6. 當另一半提議換個討論方式，我通常都可以認同。「是」「否」
7. 當兩人討論時出現負面情緒，我的示好訊息通常能奏效。「是」「否」
8. 就算兩人對事情的看法不同，我們還是會好好聽對方說。「是」「否」

9. 如果講著講著火氣上來，我們通常能抽離出來，轉換話題。「是」「否」
10. 當我在氣頭上時，另一半很會安撫我。「是」「否」
11. 我相信我們能解決兩人大部分的問題。「是」「否」
12. 當我表示怎樣溝通會更好，另一半會聽我的意見。「是」「否」
13. 就算有時遇到困難，我知道我們能克服兩人歧見。「是」「否」
14. 就算意見不合，我們還是很愛對方。「是」「否」
15. 說笑與幽默感通常能讓另一半心情變好。「是」「否」
16. 如果必要時，我們可以重新再談，讓討論更有效益。「是」「否」
17. 當我們情緒激動時，表達出自己有多生氣能改善情況。「是」「否」
18. 就算我們有重大歧見，我們還是能夠討論下去。「是」「否」
19. 如果有什麼事我做得很好，另一半會表達讚賞。「是」「否」
20. 如果我不斷嘗試溝通，最後是會成功。「是」「否」

計分方式：每圈選一個「是」，即得一分。

六分（含）以上：示好是你們婚姻中的一項優勢。當兩人的討論開始有些失控，你們能踩剎車，好好安撫彼此情緒。

六分以下：你們的婚姻在這方面還有改進空間。學習如何在負面情緒過多時修正兩人互動，你們就能大幅有效地解決問題，較為正面看待彼此與婚姻關係。

學習正確地控制傷害程度

如前所言，要判斷示好訊息是否有效，兩人的關係狀態是一大關鍵。在幸福的婚姻中，夫妻能夠輕鬆傳達與接收示好訊息。在不快樂的婚姻中，就算是最清楚有力的示好訊息，對方也會充耳不聞。可是各位既然已經明白了，就可以「逆向操作」。現在你們可以好好聆聽彼此的示好訊息，不必等到婚姻需要改善時才開始。現在起開始注意這些「剎車」，訓練彼此接收對方傳遞的示好訊息。如此一來，你們便能夠擺脫負面情緒的惡性循環。

> **就算兩人的歧見變得很負面，你們還是能締造美好未來。秘訣就在於學習正確地控制傷害程度。**

伴侶之間會錯過彼此的示好訊息，其中一個原因是這些訊息常常沒有經過修飾。如果另一半對你喊道：「扯太遠了！」或是對你抱怨：「可以別吵了嗎？」儘管聽起來很負面，但仍然算是示好訊息。

如果你只聽語調，沒聽內容，可能就會錯過對方真正要傳達的訊息：「別吵了！快失控了。」如果夫妻關係被負面情緒淹沒，就可能沒聽到示好訊息，所以最好訊息是有禮的，才能加以強調。以下列出各種例句。當想緩和緊張氣氛時，這些都是能對另一半說的確切用語。當兩人的爭吵變得太過負面，可藉由這些話避免討論失控。

你當下可能覺得其中許多話聽起來做作又不自然，那是因為這些句子完全不像你生氣時會對另一半說的話。可是聽起來做作不是拒說這些話的理由。就像如果要學會更省力的網球握拍方式，起初一定會覺得「不對勁」、「不自然」，那只是因為還不習慣。同樣的道理也適用於這些示好訊息。過段時間，這些話會越來越容易說出口，你也可以加以修改，讓示好訊息更貼近自己的說話風格與個性。

表達感受

1. 你嚇到我了。
2. 請換個比較溫和的講法。
3. 我做錯什麼了嗎？
4. 那讓我很受傷。
5. 我覺得那是種侮辱。

6. 我覺得很難過。

7. 我覺得你在責怪我。你能換個講法嗎？

8. 我覺得你都不領情。

9. 我想要辯解，你能換個講法嗎？

10. 請別說教。

11. 我覺得你現在不理解我。

12. 我開始感到情緒難以承受。

13. 我覺得你在批評我。你能換個講法嗎？

14. 我現在感到擔心。

需要冷靜

1. 你能讓我安心一點嗎？

2. 我現在需要冷靜一下。

3. 我現在需要你的支持。

4. 現在請聽我說，試著瞭解我要講的意思。

5. 告訴我你愛我。

6. 你能親我一下嗎？

7. 我能收回那句話嗎？

8. 請對我溫柔一點。

9. 請幫我冷靜下來。

10. 請你先安靜聽我說。

11. 這對我很重要。請好好聽我說。

12. 我得把剛剛的話說完。

13. 我開始感到情緒難以承受。

14. 我覺得你在批評我。可以換個講法嗎？

15. 我們可以別吵了嗎？

釋出歉意

1. 我反應過度了，對不起。

2. 我真的搞砸了。

3. 讓我再試一次。
4. 我想對你更溫柔，但不知該怎麼做。
5. 告訴我，我剛說了什麼。
6. 我看得出來這件事我也有責任。
7. 我該怎麼改善？
8. 讓我們從頭來過。
9. 你想說的是……
10. 讓我換個更好的講法。
11. 我很抱歉，請原諒我。

準備接受

1. 你開始說服我了。
2. 你的話有些我可以同意。
3. 我們就各自讓步妥協吧。
4. 讓我們找出共通點。

5. 我從沒那樣想。

6. 就整體看來，這個問題不算太嚴重。

7. 我認為你說的有道理。

8. 把雙方的想法放進解決方法中吧。

9. 我很感激你……

10. 有件事你讓我很欽佩……

11. 我懂你想說什麼。

停止！

1. 也許是我不對。

2. 拜託，我們先休戰一下吧。

3. 我們別再吵了。

4. 等我一下。我馬上回來。

5. 我感到難以承受。

6. 請別再說了。

7. 讓我們接受雙方不同的看法吧。
8. 讓我們從頭來過。
9. 繼續談，不要逃避。
10. 我想要改變話題。
11. 我們越扯越遠了。

表達感激

1. 我知道錯不在你。
2. 這問題我也有責任，那就是……
3. 我懂你的意思。
4. 謝謝你，因為你……
5. 這個論點很好。
6. 我們想說的都是……
7. 我瞭解。
8. 我愛你。

9. 我很感謝你，因為……
10. 你有一件事讓我很欽佩……
11. 這不是你的問題，這是「我們」的問題。

請利用這些例句，讓示好訊息更有禮貌，可以幫助你們以兩種方式平息爭吵。第一，客氣的例句可以確保你使用的是有效的剎車語言。第二，這些句子就像擴音器，當另一半對你說這些話，你就絕對能注意到示好訊息。

現在來練習運用以上的例句，幫助自己解決問題。選擇一個較不嚴重的衝突來討論，兩人各說十五分鐘。討論時至少得說出其中一個句子，請先提前告知對方，再釋出示好訊息。你甚至可以告訴對方你要引用哪個例句，例如「我要用『表達感受』那個類別中的第六個示好訊息：我覺得很難過。」

當另一半宣布要傳達示好訊息時，你只需要試著接收就是了。將對方中斷討論的這個舉動視為想改善情況。請接收這個示好訊息想傳達的想法。這代表你接受另一半的意見。例如，假設對方說：「我要把話先說完，」你接受這個需求，然後鼓勵對方說下去。如果你在對話中持續使用這些例句，最後你可能會考慮用一些慣用小動作取代，比如舉手直接表示：「這是一個示好訊息！」或是你能想到其他有效的示好訊息，更適合兩人的個性與關係。就像有一對夫妻，他們如果在討論時，有一人引入了四騎士出現，他們就會向對方說：「嗶嗶嗶。」這個好笑的示好訊息能更有效助於消除負面情緒。

步驟三：安撫自我與彼此

當裘絲汀和邁克討論摺衣服的問題時，邁克做了一件事情，這看似偶然，但卻對於他們能否有幸福的未來意義重大，那就是邁克打了個哈欠。整理家裡是無趣的話題，但邁克不是因為裘絲汀說的話很無聊才打哈欠，而是因為他很放鬆。當你覺得生氣或焦慮時，打哈欠是最不可能產生的生理反應。即使裘絲汀正在討論兩人發生的衝突，但邁克打哈欠的舉動像在宣布太太安撫了他的情緒。因為他體內（或心裡）的警報器沒有響起，所以他能輕鬆討論家事，並與裘絲汀達成妥協。

可是在不穩定的婚姻中，討論衝突會導致恰好相反的反應，就是引發情緒衝擊，無法負荷。當這種情況發生時，你會覺得身心都失去控制。你最有可能產生忿忿不平的感受（「我再也忍無可忍了」），或是產生無辜受害者的心態（「這人為何老愛找我麻煩？」）除此之外，你的身體也會覺得痛苦，通常會心跳加快、出汗與緊張焦慮。

在絕大多數的案例中，夫妻中若一方無法「接收」對方的示好訊息，原因就是聽的人已經情緒太難以承受，所以無法真正聽進去另一半想說的話。當處於這種狀況，就算是世上考慮最周詳的示好訊息，對兩人的互動也無所助益。

情緒衝擊評量

若想知道情緒衝擊是否為兩人關係的重大問題，請回答下列的問題。讀完以下每個句子，然後圈選「是」或「否」。

1. 我們討論時會太激動。「是」「否」
2. 我很難冷靜下來。「是」「否」
3. 我們之中有人會說出懊悔莫及的話。「是」「否」
4. 另一半會氣到不行。「是」「否」
5. 在爭吵之後，我想要保持距離。「是」「否」
6. 明明沒必要，另一半還是在那裡大吼。「是」「否」
7. 我們吵得令我難以承受。「是」「否」
8. 每當另一半顯露敵意，我就會無法好好思考。「是」「否」
9. 為何我們的談話不能更條理分明？「是」「否」

10. 另一半會突然出現負面情緒。「是」「否」
11. 另一半常常無法控制自己發脾氣。「是」「否」
12. 當吵架時，我會想要一走了之。「是」「否」
13. 小問題突然變成大問題。「是」「否」
14. 在爭吵之中，我很難冷靜下來。「是」「否」
15. 另一半會提出一大堆不合理要求。「是」「否」

計分方式：每圈選一個「是」，即得一分。

六分以下：這是你們婚姻中的一項優勢。你能與另一半共同面對歧見，不會感到難以承受。這代表就算兩人意見不合，也不會覺得是受害者或互相仇視。這很棒，表示你們能夠互相溝通，不讓負面情緒失控。所以你們不但能解決問題，更能避免為了無解的問題陷入僵局。

六分（含）以上：你們的婚姻在這方面還有改善空間。這個分數顯示你在與另一半爭吵時容易受到情緒衝擊。在這種情況下根本不可能解決問題。你會覺得自己實在太過焦慮，無法聽進對方真正想說的話，或無法學習任何有效的衝突解決技巧。請繼續往下讀，看看要如何解決這個問題。

練習二：自我安撫

第一個步驟是先停止討論。如果此時再繼續講下去，你會發現自己將對另一半爆發情緒，或是內心受傷。這兩種情況都對你毫無幫助，只是讓你更邁向婚姻觸礁的深淵，最終導致離婚。因此，唯一的解套方式就是讓對方知道你現在情緒無法控制，需要休息一下。你至少要休息二十分鐘，因為人體需這那麼久的時間才能平靜下來。在這段期間內，請極力避免感到忿忿不平、無辜受害。花點時間做些能自我安撫、轉移注意力的事情，例如聽音樂或運動。

很多人發現冥想是自我安撫的最佳方式，可以專心讓自己平靜下來。這裡簡單說明冥想的技巧：

1. 坐在舒適的椅子上，或是躺在地板上。
2. 專心控制自己的呼吸。通常在情緒無法控制時，人不是十分焦慮，就是呼吸急促。所以閉上雙眼，專心、規律地深呼吸。
3. 放鬆肌肉。逐一緊壓感覺緊繃的肌肉群（通常是前額、下顎、脖子、肩膀、手臂與背部）。壓住兩秒然後放開。
4. 讓每個肌肉群一一釋放壓力，想像肌肉群感覺很沉重。
5. 讓每個肌肉群一一釋放壓力（現在很沉重），想像肌肉群感覺很溫暖。閉上雙眼，專心想像讓人平靜的景象或意念。許多人發現想像平靜的地方很有效，像是森林、湖泊或海灘。盡可能想像這類地方，彷彿就在眼前。專注於這個讓人平靜的景象，持續大約三十秒。
6. 找到能完全撫慰心靈的個人畫面。舉例來說，我會想到華盛頓州虎鯨島上的一個地方，那裡

當討論得很有壓力時，按摩是絕佳的抒壓方式。透過冥想，輪流引導對方也是一個有效技巧（如同前面描述的方法）。就把冥想當成一種語言上的按摩。你甚至可以寫出詳細流程，讓對方繃緊與放鬆不同的大肌肉群，然後具體想像一個祥和美麗、賞心悅目的場景。你可以把自己的詮釋錄下來，供日後使用。或許你也可以把它當成特別禮物，送給另一半。你不需要等到場面緊繃才做這個練習。時常安撫彼此是避免日後情緒衝擊的絕佳方式，也能讓整體生活感覺更棒。

步驟四：妥協

不論喜歡與否，找到妥協的方式是解決婚姻問題的不二法門。在親密的關係中，如果夫妻中有人覺得什麼都該聽自己的，那樣是絕對行不通，就算他／她確信自己是對的，也是行不通。因為這種做法會導致不公平的結果，傷害彼此關係。

雖然夫妻往往都努力想在問題上妥協，但還是失敗的原因是，他們採用錯誤的妥協方式。請遵照前述步驟，也就是使用圓融開場、修正討論並保持冷靜，討論才能有效果。這些步驟能讓你進入正向模式，做好妥協準備。

在嘗試解決衝突之前，切記，**幸福婚姻的第四個法則「接受另一半的意見」，是任何婚姻的基石。**這表示如果兩人想要達成妥協，就不能無視於另一半的意見或需求。你不必同意另一半所說的所有的事或信念，但你必須坦誠相對，將對方的立場納入考慮，這才是接受對方意見的真諦。當另一半試著與你討論問題，但你卻雙手抱胸坐著，搖頭否定（或者只是萌生這個念頭），你們的討論絕對不會有任何進展。

如前所述，丈夫比太太較難接受對方意見。可是不管你是男是女，無法敞開心胸確實會妨礙解決衝突。所以如果你還無法敞開心胸，請做第六章的練習。如果要突破這個關卡，你可能得花些時間並特別注意。另一半能幫助你從他／她的觀點看待事情。問對方一些問題，這能幫助你瞭解對方的觀點。請記得以客觀標準，找出另一半觀點中的合理之處。

一旦都做好了準備，就不難找出雙方都可以接受的解決方法。所謂妥協，常常只是有條有理說出兩人差異與偏好。只要持續按照上述步驟，避免讓兩人討論變得過於負面，要達成妥協並非難事。

練習四：找出共通點

先一起決定兩人想處理哪一個可解決的問題，然後分開坐下思考。在一張紙上畫出兩個圓圈，大圈包住小圈。在內圈列出你們不能讓步的問題面向，在外圈列出可以妥協的問題面向。請記住類似合氣道以退為進的準則；你越是能夠妥協，你就越有機會說服對方。所以試著把外圈盡量畫大，把內圈盡量畫小。

雷蒙和凱蘿這對夫妻對性生活不滿意，以下就是他們所畫的內圈與外圈。

雷蒙

內圈：

1. 我想要更煽情的性愛。
2. 我希望你能穿上超級性感睡衣，陪我玩幻想遊戲。

外圈：

1. 就算我很累，我們還是可以在早上或晚上做愛，這點我可以接受。
2. 你可以在做愛時說說話，這點我可以接受。

凱蘿

內圈：

1. 我希望做愛時能感受到愛。
2. 我希望你能多多擁抱與愛撫我，我想要多一些前戲。

外圈：

1. 我偏好在晚上做愛，因為我喜歡完事後在你懷裡安睡，但我也能接受在早上做愛。
2. 我很喜歡你在做愛時與我講話，可是這點我也能妥協。

填好內外圈後（你列出來的清單可能比雷蒙與凱蘿的還多），請互相分享，看看兩人有何共識基礎。當討論這問題時，記得運用本章介紹的所有解決問題的策略，也就是使用圓融開場、在受到情緒衝擊時安撫自我或彼此。

在上述的案例中，雖然他們的內圈內容大不相同，可是並非互不相容。只要他們接受並尊重彼此的需求差異，就能創造理想的做愛時段，兼顧男方想要的煽情幻想與女方渴望的親密感與愛撫。即便他們的外圈內容也大相逕庭，可是他們在這些方面都願意讓步，所以應該能輕鬆達成妥協。也許他們可以視雷蒙的疲倦程度，決定在早上或晚上做愛。他們也能改調整做愛時的談話量。

這個畫圈練習的目的是在找出一個思考問題的共同方式，這樣就能共同創造雙方都能接受的務實計畫。當你們分享內外圈內容時，請你問自己以下的問題：

1. 我們在什麼事情上意見相同？
2. 我們有何共同感受？最重要的感受為何？
3. 我們有何共同目標？

4. 我們可以怎樣瞭解這個情況與問題？

5. 我們認為該如達成這些目標？

當你們努力應對可解決問題，然後遵循這些步驟，就有可能找到合理的妥協方法。只要雙方達成妥協，講好一段時間，在期間內嘗試這個解決方法，之後再審視這個方法是否有效。如果這個方法無效，那再重複這個過程，同心協力解決問題。

夫妻可以偶爾共同解決婚姻之外的問題，藉此磨練兩人的妥協技巧，這樣也很不錯。在這裡提供一個有趣的活動，讓你們以團隊方式互相給予並接受對方意見，藉此練習如何達成共識、做出決定。

練習五：蓋紙塔

這個練習若與其他夫妻一起進行，會更特別好玩。你們可以考慮舉辦蓋紙塔派對或比賽，每對夫妻是一隊，丈夫與太太輪流當蓋塔人與記分員。

任務：請運用下列材料蓋出一座紙塔。你們的目標就是盡力蓋出最高、最穩固、最美麗的紙塔。

要如何著手進行，你們可能會看法迥異，所以記得要運用本章節的妥協方法解決兩人歧見。

試著在這個練習中發揮團隊合作，互相給予意見及接受意見，同心協力。你們可以互相發問，討論半個小時。不要完全只遵照某一方的構想，而是要包括雙方的看法。蓋好紙塔之後，請第三方（或其他夫妻）為你們的紙塔評分。相較於建塔本領，這個練習更注重的是創意，所以計分無疑會非常主觀。可是最終的得分只是其次，重點在於兩人共同建造紙塔的有趣過程。當紙塔完工，你們也為自己的婚姻與妥協技巧開創了新的局面。

材料

- 一份報紙
- 蠟筆
- 繩球
- 彩色玻璃紙
- 雙面膠
- 圖畫紙
- 釘書機
- 厚紙板
- 麥克筆

評分方式：請第三方（或其他夫妻）為你們的紙塔評分。

滿分90分，得分說明如下：

紙塔高度最多可得20分

紙塔強度（穩定度）最多可得20分

紙塔美感與原創性最多可得50分。

步驟五：互相包容過錯

兩個人的關係常會陷入一種「真希望」的思維。「真希望另一半更高、更有錢、更聰明、更愛乾淨或更性感」，彷彿這樣所有問題就會煙消雲散。只要你的態度是如此，就會很難解決衝突。在你們能接受對方的缺點與小毛病以前，可能還無法成功達成妥協，反而會鍥而不捨想要改變對方。解決衝突的本意並不是要改變對方，而是在於協商、找出雙方都能接受的共通點與方式。

當你能熟練運用本章介紹的問題解決技巧，就會發現許多問題的解決之道早已昭然若揭。只要可以克服阻礙清楚溝通的障礙，就能夠輕易解決難題。下一章將介紹創意十足、簡單輕鬆的解決方法，可以用來處理夫妻最常面臨的衝突，包括金錢、性生活、家事、孩子與工作壓力。可是請記住，這些解決方法只適用於可解決的問題。倘若妥協看似遙不可及，你們正在努力解決的問題或許根本無解，那就表示這時你應該看看第十章關於處理永久性衝突問題的建議。

第九章　如何處理典型的可解決問題

工作壓力、姻親、金錢、性生活、家事、新生兒都是最常見的婚姻衝突類別，其中有些是兩人關係中的重要敏感問題。縱使是非常幸福穩定的婚姻，這些問題還是會一直存在。儘管每個婚姻都不盡相同，這些特定衝突卻如此常見是有原因的：因為這些衝突涉及婚姻裡最重要的任務。

有些人會說，良好的婚姻需要「努力經營」。可是確切要怎麼做呢？每個婚姻都得面對特定的情感任務，必須由夫妻共同完成，好讓婚姻成長茁壯。歸根結柢來說，這些情感任務就是兩人要互相充分瞭解。婚姻需要這種瞭解，才能讓雙方感到安心。如果無法完成這些任務，婚姻不但不是人生風暴中的避風港，反而會是另一場風暴。

這六大常見類別裡若有其中一項出現衝突，往往是由於丈夫與太太對任務本身、任務重要性或完成任務的方式各執己見。假如是遇到永久問題，就算再熟悉問題解決技巧也無濟於事。唯有當雙方能與彼此的長期差異和平共存，兩人之間的緊張氣氛才能逐漸緩和。可是如果遇到的是可解決問題，挑戰就在於找出正確的方式加以克服。（如果不知道怎麼分辨可解決的衝突或永久衝突，請參閱第七章）。以下列出這六大常見衝突，前面會先說明每個類別所代表的婚姻任務，然後提出解決問題的具體建議，幫助各位克服這些衝突常產生的可解決歧見。

壓力會造成更多壓力

任務：讓婚姻平和愉悅。

史蒂芬妮與陶德每天回家的時間都差不多，可是他們老是吵得不可開交，而不是很開心見到面。陶德整天要對難搞的老闆鞠躬哈腰，當史蒂芬妮又老是把信收起來害他找不到，就會火冒三丈。史蒂芬妮常常因為截稿期限而得趕工到很晚，如果她打開冰箱只看到果汁，就會生氣地大吼：「冰箱沒食物了！你明明答應我會去超市買菜，真不敢相信你根本沒去。你到底怎麼搞的？」

其實她真正該問的是，兩人之間究竟出了什麼問題。答案就是他們都把工作壓力帶回家，把自己的婚姻壓得喘不過氣。

特別安排專門的抱怨時間，可以避免平日壓力波及兩人的關係。

工作壓力無疑已成為婚姻不美滿的重要肇因。相較於三十年前的夫妻，現代夫妻每年平均的工作時數多了一千小時以上。不僅交談、放鬆、吃飯的時間變少，就連睡覺時間也被壓縮。對許多家庭來說，夫妻兩人極有可能都在上班，回家時還帶了整疊文件奮戰、準備明天要對客戶進行的簡報。或者是整天招呼客人，回家後根本不想再伺候另一半。

解決方法：請記得，經過漫長又充滿壓力的一天，在和另一半互動之前，你自己要先花點時間抒壓。倘若另一半的某個行為突然惹毛你，記得，也許是你太緊繃才會小題大作。同樣地，如果另一半回家時心情不好，你開口關心卻換來對方一陣咆哮，也盡量別覺得是衝著你來，對方可能只是今天諸事不順。這時候大發雷霆只會讓情況變得更加惡化，所以還是別太在意。

你不妨每天安排一段放鬆時間，不論是躺在床上、上網、慢跑或沉思都好，反正就是養成放鬆的習慣。當然囉，有些人會覺得最簡單就是向另一半求助。若是這樣，可以試試第八章詳述的安撫技巧。

等雙方心情比較平穩了，就能一塊聊聊今天過得如何，把這個活動視為雙方許可的抱怨時間。在這段時間內，不論誰抱怨碰到了什麼倒楣事，另一方都要表現出瞭解與支持。

姻親關係

任務：建立兩人間的「同在感」，或團結心。

雖然有時候會從男人口中聽到關於岳母的笑話，但真正更常造成家庭緊張氣氛的卻是婆媳關係。婆媳之間永遠存在無法消弭的差異，兩個女人的意見、個性與人生觀點各有不同，在一起相處時間越久，雙方的差異就更加明顯。例如，若決定晚上外出用餐，可能就會引發關於吃飯地點、吃飯時間、食物選擇、花費預算或誰來結帳等細節上的歧見。當然也有比較深刻的問題，例如價值觀、工作、住處、生活風格、信仰與投票對象等問題。

這些衝突通常早已在婚姻中浮現，但是姻親難題可能要許久之後才會引發或出現，例如孩子出生或經歷重要的成長階段，或是年事已高的父母越來越依賴先生或太太。

所有造成緊張氣氛的問題癥結，就在於兩個女人都想爭奪先生的愛。太太會觀察丈夫是支持她還是婆婆。她會暗自猜想：「你究竟站在哪一邊？」婆婆通常也會思索同樣的問題。丈夫這邊，其實只希望婆媳和睦相處，因為兩個女人他都愛，不想要被迫二選一。對他來說，做抉擇的念頭根本太荒唐。畢竟他既是好丈夫，也是好兒子，兩位女性他都敬重。遺憾的是，這種態度往往讓他變成和事佬或調停者，結果只是讓情況更加惡化。

解決方法：若要擺脫這種困境，唯一的方法就是丈夫站在妻子這邊來面對婆婆。雖然這乍聽之下很殘酷，但記住，婚姻的基本任務本來就是建立夫妻的「同在感」。所以丈夫必須讓母親知道，太太在他眼中的地位無人能比。這個家是他與太太的家庭，而不是他母親的家庭。他要先扮演的角色是丈夫，然後才是兒子。這是讓人很不舒服的立場，他可能會讓母親很傷心。可是母親終究會適應現實情況，畢竟在那個家庭中，兒子扮演的丈夫身份最為重要，勝過其他種種身份。丈夫務必要對此堅持，因為這對婚姻至關緊要。就算覺得不公平，就算母親無法接受這個新的事實，還是得堅持到底。

這並不是要讓丈夫任意貶低或侮辱父母，或是違背個人的基本價值觀。他不應該對自己是誰有妥協，可是他必須與太太站在同一陣線，而不是被夾在婆媳之間。他必須與太太建立自己新家庭的習慣、價值觀與生活風格，堅持母親（或父親）必須加以尊重。

基於這項理由，如果要創造或強化夫妻的團結感，可能得稍微疏遠自己的原生家庭。當父母週末到大衛的新家拜訪時，他就面臨了這種挑戰，出現了他所謂的「義式蕃茄燉小牛膝危機」。事發經過如下：他的太太珍妮已經預約了他最愛的義式餐廳，想讓全家人在週六共進晚餐。她迫不及待地想和義大利公婆分享那間餐廳。因為深諳料理的婆婆常讓她相形見絀，所以她特別想對婆婆炫耀一番。但是當天她與大衛出門辦事時，婆婆去了趟肉攤與超市，煮了大衛最愛吃的晚餐菜色——蕃茄燉小牛膝。

等到大衛與珍妮回來時，家中已瀰漫大蒜與小牛肉的香氣。珍妮因此火冒三丈。當婆婆說她「忘記」餐廳訂位一事，珍妮早就料到她會來這招。大衛當場面臨一個困境。那鍋小牛肉看起美味可口，他知道如果自己不吃，母親會有多麼難過。他真想叫珍妮取消餐廳訂位。

雖然這聽起來不太像什麼重大危機，結果卻變成大衛與珍妮的婚姻轉捩點。珍妮本來就很害怕公婆來訪，因為她覺得婆婆總讓她顯得自己空有美貌，什麼都不會，而婆婆相形之下卻像個偉大救星，能把家事打理得有條不紊。珍妮雖然很有禮貌，但還是會與婆婆保持距離。她私底下會和大衛抱怨連連，批評婆婆是超級控制狂。大衛總是堅稱都是珍妮憑空想像、小題大作，但這只是讓她更生氣。

這時珍妮焦慮不已，緊張地看著大衛，而大衛則是打量著母親準備的大餐。他先是清了清喉嚨，然後抱了母親一下，感謝她煮了這頓豐盛大餐。可是他堅持把小牛膝收進冰箱，改天再吃。然後他向母親解釋，這頓飯意義重大，因為他們最愛在這家餐廳歡度週六時光，現在夫妻倆也想與父母共享。

他母親似乎遭到嚴重冒犯，眼淚盈眶，僵持了好久（大衛讓父親去處理），可是這對大衛來說非常值得，因為珍妮看起來喜出望外。大衛最後傳達的訊息清楚又明白：太太最重要。媽，你要學著習慣。珍妮回想時說道：「當他告訴婆婆，現在我是他心中最重要的人，我們的婚姻才真正開始。」

把另一半放在第一位、建立夫妻團結感，關鍵就是不要容忍父母對另一半有任何輕蔑。在諾埃爾學到教訓之前，他與愛芙琳婚姻本來岌岌可危。在兩人的兒子出生後，諾埃爾非常想讓父母覺得他是稱職的好爸爸。所以雖然他的律師工作非常繁忙，沒有太多時間陪兒子，他隔週週末還是會帶孩子去鄰鎮拜訪父母。這也讓愛芙琳可以留些她非常需要的空間時間給自己。

愛芙琳通常晚上才會過去。但只要一踏進那個家門，她就覺得自己像個外人，彷彿她被踢出自己兒子的生活。諾埃爾的父母對媳婦幾乎毫不理睬，可是卻對孫子關懷備至，不斷誇獎諾埃爾是模範爸爸。公婆有時甚至會諷刺愛芙琳，例如，他們會嘲笑說六個月的兒子還在吃母奶。愛芙琳知道諾埃爾希望孩子斷奶，所以懷疑丈夫在她背後向公婆抱怨。我們幫助他們討論這個問題時，證實愛芙琳果然沒猜錯。諾埃爾努力想讓父母留下好印象，所以他會講愛芙琳的壞話，犧牲夫妻的「同在感」。

雖然諾埃爾很需要父母的認同，但他後來發現這會傷害到愛芙琳與兩人的婚姻。之後他就比較少帶兒子回去見父母。如果父母想看孫子，他們就得來諾埃爾家（也就是愛芙琳的地盤）。當他母親擔心孩子吃得不夠多，諾埃爾會提高嗓門，強調愛芙琳才剛帶孩子看過小兒科，醫生說孩子身材圓滾健康。父親若是建議孩子換件更厚的外套，諾埃爾會說愛芙琳才是孩子的媽，她比誰都清楚怎麼對兒子最好。諾埃爾的態度轉變本來讓父母頗為惱怒，可是隨著時間過去，他們也接受了這個改變。諾埃爾與愛芙琳發現兩人的關係變好，彼此也培養出一體感，完成學習建立「同在感」的婚姻任務。

練習一：姻親問題

如果婚姻中持續有姻親的問題，填寫這份簡短的評量將會有幫助。這份評量能幫你專注於探討夫妻與雙方親戚的關係，這樣你們才知道在面對特定親戚時，夫妻的「同在感」是否還需要強化。

夫妻兩人都必須做這份評量，並把自己的答案記在各自的紙上。

1. 想一想你與另一半家族各個親戚的關係。倘若在面對某位親戚時，另一半不一定會支持你，或是常與某位特定家族成員發生摩擦，請在方框處打勾。

- □另一半的母親
- □另一半的繼母
- □另一半的父親
- □另一半的繼父
- □另一半的兄弟
- □另一半的姊妹
- □另一半其他家庭成員

描述至今化解的衝突：

描述依然存在的衝突：

2. 想一想另一半與你家族各個親戚的關係。倘若面對某位親戚時，另一半不一定會支持你，或是常與某位特定家族成員發生摩擦，請你在方框處打勾。

□母親

□繼母

□父親

□繼父

□兄弟

□姊妹

□其他家庭成員

描述至今化解的衝突：

描述依然存在的衝突：

現在與另一半一起看彼此的回答，討論如何給對方更多支持與同在感。如果另一半察覺其中有問題，可是你認為根本不是問題，試著先不要立刻駁斥。請記住，個人感受與兩人關係息息相關。例如，如果太太認為你串通母親對付她，即使你不認同，那依然是你應該處理的問題。

錢、錢、錢

任務：金錢代表自由與力量，也象徵著安全與信任。請平衡金錢的這些面向。

無論銀行存款很多還是沒多少錢，許多夫妻都面對金錢衝突。這種爭執通常顯然都是一種永久問題，因為金錢象徵許多情感的需求（例如，安全需求與權力需求），同時也攸關各人價值體系的核心。可是如果出現的是比較簡單、可解決的財務問題，解決的關鍵就是先瞭解婚姻在金錢這個面向的任務。雖然金錢可以買到樂趣，金錢也買得到安全。平衡這兩個經濟的現實面是任何夫妻的功課，因為對金錢與價值的感受因人而異，通常與個性有關。

可解決的財務難題通常發生在新婚夫婦身上，而不是結婚較久的夫妻身上。因為隨著婚姻一直走下去，這些問題不是成功解決，就是演變為具有金錢象徵意義的永久問題。可是當多年夫妻的環境改變時，他們可能也必須面對可解決的金錢問題。中年生活的摩擦通常源自兩人對金錢的歧見，無論是針對轉換工作、資助孩子教育、規畫退休與照顧年邁雙親。

解決方法：你需要頭腦清楚、做好預算。可以按照下列簡單步驟，釐清想花多少錢，還有該花在什麼地方。只是複雜的財務管理問題已超過本書範疇。如果你需要財務規畫與投資的協助，可以參考坊間其他書籍。就婚姻方面，你們的第一要務就是一起處理財務問題，表達各自的考量點、需求與夢想，然後再共同研擬計畫。確認最後做出的預算並沒有強迫任何一方做出犧牲，因為這樣只會累積怨恨。夫妻雙方都得堅持自己認為無商量餘地的項目。

步驟一：詳細列出目前支出

請使用下列列表，記錄過去一個月、六個月或一整年的支出情況，就看哪種時間長度適合現況。也許你可以查看記帳本或信用卡帳單來列出。

支出

- 伙食費
- 貸款或租金
    - 度假住宿
- 重新裝潢
- 財產稅
- 大樓管理費
- 居家辦公室必需品
- 水電瓦斯費
    - 電費
    - 瓦斯費
    - 暖氣費
    - 水費

- 電話費
- 網路費

家務維護

- 居家清潔
- 洗衣費
- 乾洗費
- 日用品與設備（吸塵器、浴廁清潔劑等）

服裝費

個人護理（理髮、指甲護理、雜項）

汽車費用

- 汽油費
- 保養與維修費
- 駕照更換費
- 保險費、貸款、停車費、通行費

其他交通費用

- 公車費、火車費、捷運費

旅費

- 出差
- 拜訪家人
- 其他假期

休閒費用

- 外食或外帶
- 保姆
- 約會（電影、戲劇、演唱會、運動賽事）
- 家庭娛樂（租片）

健康費用

- 保險費
- 就診
- 藥物
- 會員費

其他（眼鏡、按摩、諮商等）

家電與電器設備（電視、電腦、手機）

餽贈

慈善捐款

貸款利息、銀行手續費、信用卡

終生壽險

投資與儲蓄（股票等）

步驟二：管理日常財務

1. 從上述支出中，寫下你認為與幸福快樂有關的必要費用。
2. 仔細審視自己的收入與資產。現在依照你的財力，嘗試編列能管理日常財務與其他「必要費用」的預算。
3. 研擬定期支付開銷的計畫，決定由誰負責付款或管帳。
4. 共同討論你們各別的清單與計畫，尋找兩人計畫的共通點，決定能滿足雙方「必要需求」的可行策略。坐下來花幾分鐘審視共同計畫，確保這項計畫對兩人都適用。

步驟三：規畫未來財務

1. 想像兩人五年、十年、二十年或三十年後的生活。你們心中理想的生活為何？想想兩人所追求的事物（房子等）與理想上想過的生活類型，同時也認真想想最想要避免的財務災難。例如，有些人最大的財務恐懼就是沒有足夠的錢退休，有些人則害怕負擔不起孩子的大學學費。
2. 現在列出你們的長期財務目標，將你最為渴望與害怕的事物納入考量。你們的財務目標可能包括購買房子、擁有充足的退休金。
3. 與對方分享自己的清單，在兩人長期目標中找尋相似處，並討論各自的看法。
4. 想出能幫你們達成目標的長期財務規畫，而且務必時常審視這個計畫（例如一年一次），以確保兩人意見依然相同。

夫妻間對金錢的看法會有各種差異，但依循這些步驟有助於擬出可行的解決方法。例如琳達喜歡買衣服，喜歡在辦公室附近的健身房運動。但德凡認為那些都是浪費錢。他自己比較偏愛中午外出與朋友用餐，每年出國度假兩次。琳達認為丈夫的興趣才是過度揮霍。在兩人都寫完上述問題之後，他們清楚看到自己的財力狀況。兩人一起討論財務，達成共識，編好暫時的預算。他們誰也不想放棄最愛的樂趣，於是決定開三個儲蓄帳戶，夫妻一人一個，外加一個聯合帳戶。他們決定把每月部份薪資存入聯合帳戶，將來支付孩子學費與其他重大費用。另外他們各自存下健身房與出國旅行費用。六個月後他們會再次討論，確定新的預算對兩人都適用。

緹娜與基恩則是遇到不同的困境。他們的大兒子布萊恩兩年後就要唸大學。雖然夫妻倆的存款能供應布萊恩讀附近的社區大學，但緹娜卻想送他去較為嚴格、科學課程較多、學費也較昂貴的州立大學。布萊恩的學業成績優異，夢想成為航太工程師，而且也確實具有實力。可是為了支付更高額的學費，基恩得延後購買山中木屋的夢想。雖然基恩很在乎兒子的教育，但他擔心如果現在不買木屋，將來屋價會上漲，自己就再也無法實現畢生夢想。基恩希望緹娜重新找份全職工作，這樣他們就負擔得起大學學費與鄉間木屋。可是緹娜不願意接受這個提議，因為緹娜年邁的老母親與他們同住，日常起居都得靠她照顧。基恩與緹娜幾乎天天都在吵這個問題。基恩認為緹娜現在應該卸下重擔，由妹妹接手照顧母親。可是緹娜的妹妹從事全職工作，自認無法承擔這個責任。另一個選擇就是把緹娜母親送進養老院，可是緹娜堅決反對。

當緹娜與基恩做完預算，簡單的解決方法並未自動出現。可是當他們共同審視支出時，兩人的情緒大有轉變。他們不再爭論這些問題，而是再度感受到兩人是一體的。他們列出各種就學貸款與獎學金的資訊。最後基恩答應延後幾年再圓夢。緹娜也回去工作，可是只做兼職。基恩改變輪班時段，所以當緹娜去上班時，他可以在家陪伴岳母。布萊恩也申請到足夠的就學貸款，可以去唸州立大學。

這些夫妻遇到的問題與解決方法不可能完全適用於你們。但重點是無論你們在財務上有何歧見，兩人都要一起，研擬出雙方都能接受的計畫。就算這項計畫目前無法達成所有理想的目標，依然還是能消弭兩人間的緊繃對立。

性生活

任務：向彼此表達讚美與接受。

在兩人生活中，最可能讓人感到尷尬、受傷與被嫌棄的，莫過於性生活這方面，難怪夫妻們覺得要能清楚溝通這個主題是一大挑戰。通常夫妻會「模糊帶過」，使得自己真正想向對方傳達的訊息難以被解讀。以下是我們錄下的夫妻對話，足以作為經典案例。

太太：想想你在兩三年前那時的看法，還有我們是怎麼處理這個問題的方法與感受。我是說，想一下。我當時覺得那是個問題，現在比較不會了。

丈夫：我覺得我們現在比當時更有安全感。我不知道耶。我不相信我們不再處理真正的問題，或者處理方式不同，不知道是不是我們自己改變了。

太太：可是你對這問題感覺不同了吧？

丈夫：你現在覺得呢？

太太：這個嘛，我在兩三年前覺得這是個問題，以為這個問題會毀了我們的婚姻。我非常很擔心無法克服。但我現在已經不再擔心了。

丈夫：我從不認為那問題會威脅到我們的婚姻。我知道妳會擔心，可是我從沒擔心過。

太太：好吧，或許我現在更有安全感了，所以就不再擔心了。

這對夫妻在討論的「問題」，就是丈夫比太太更想常常做愛。在對話中，太太試圖讓丈夫同意這不再是問題，希望丈夫能消除她的疑慮。丈夫則認為這問題依然存在，可是卻沒對太太明講。

當夫妻討論自身性需求時，他們常常會有這種對話，拐彎抹腳、不清不楚又沒有結論。雙方經常都急著結束對話，希望不用說太多，就能奇蹟般瞭解彼此的渴望。他們鮮少會說像這樣的話：「你昨晚愛撫我好久，我好喜歡你那樣」、「我每天都很想要你」或「我最喜歡在早上做愛」等。問題是你越是不說清楚自己想要或不想要的是什麼，就越不可能得到理想結果。性愛是分享彼此、加深親密感的方式。可是兩人溝通若充滿壓力，常常就會導致沮喪和受傷的感覺。

解決方法：學習以雙方覺得沒有掛慮的方式討論，也就是學習用正確方法思索自己想要的是什麼，同時也要學習以適當的方式回應另一半的需求。因為大多數的人對於自己能否吸引另一半，還有自己是不是「好情人」都非常在意，所以討論性生活的關鍵就是要態度溫柔。如果才開始談就有人批評對方，這樣只會讓過程比「草草了事」更快結束。性愛的目的是在這個充滿柔情的領域中，讓兩人更親密、更愉悅、獲得滿足並感受到對方的重視與接納。如果你說，「你都不再碰我了」，保證會讓另一半更不想碰你。最好還是說：「上週我們在沙發上親吻，我好喜歡。我想再多親幾下，那讓我感覺真好。」同樣地，你與其說，「不要碰我那裡」，不如說，「你碰這裡時讓我特別舒服」，這樣會得到更好的回應。當你和另一半討論性愛時，態度應該是要讓一件美好的事變得更好。即便你對現在的性生活不滿，你也得強調正面的感受。

如果另一半提出要求，千萬千萬別認為這是暗示你魅力、性能力、性愛技巧或個人內在本質有問題。請試著培養如同專業廚師的態度。就算客人今晚不想吃玉米，或是對烏賊沒胃口，廚師也不會因此覺得受到侮辱。相反地，廚師會調整料理，投其所好。

這並不代表你必須同意另一半的所有要求。你們要一起決定什麼是可接受的、放心的與不想做的。性愛非常具有彈性，所以你們確實有可能配合彼此渴望，讓雙方樂在其中。舉例來說，以前麥克想要每週做愛好幾次，小琳卻認為一兩次就夠了。結果麥克心生沮喪，覺得被拒絕。時間一久，他越發堅持要增加夫妻做愛次數。他會帶各種情色書刊回家，努力想引發小琳的性趣，結果只讓小琳倍感壓力，適得其反。當麥克越來越沮喪，小琳也越來越沒有慾望。

當他們來找我們時，兩人根本不知道怎麼解決這問題。我們建議對性愛最沒興趣的人（小琳）要覺得自己能掌控情況。我們讓他倆將焦點從性愛轉移到感官上的歡愉。小琳很喜歡按摩，所以她去書店買本有趣的按摩書，然後由她負責夫妻的感官體驗，主導兩人晚上要做什麼。當不涉及性愛，他們就會不斷擁抱與愛撫，漸漸小琳的性慾開始增強，做愛的次數越來越多，大約每週一次。

通常期待會妨礙最理想的性生活。不是所有性愛都必須達到相同品質或強度。有時感覺彷彿觸及彼此的靈魂深處，有時候就是很愉悅。性愛時而緩慢，時而短暫。性生活中存在多樣變化，而且本來就該如此。然而性愛有時確實是一種愛意的表達，而且顯然越常這樣會越好。

要豐富兩人的性愛生活，最好的方式就是了解彼此喜好，並且花時間記住，在你們以手指與嘴唇互相碰觸時，好好加以運用。當你的性慾被撩撥時，要確定你所記得的是什麼，將這記憶深植在你的身體以及你對另一半身體反應的敏感度。那代表當你們開始做愛時，你知道另一半會出現什麼肢體語言，可是你們也要試著發展做愛時對彼此所說的話語。

如果你們覺得能放心地和彼此分享性幻想，甚至一起試試，你們的性生活將會更圓滿。性愛是非常敏感的領域，雖然性幻想能激發婚姻中各種想像、變化與冒險，但很少夫妻能分享自己的性幻想，並在性生活中設法實現。若你們能分享彼此的性幻想，你們將會更親密、更浪漫，也更興奮。

請試著建立這個觀念：在婚姻範圍之內，所有願望、影像、幻想與慾望都可以被接受。沒有什麼是很惡劣或噁心。你可以拒絕另一半的要求，但是不能貶低對方的要求。人必須要非常信任對方，才能表達自己的性幻想。所以當你聽到另一半講的性幻想，你的態度可得要格外溫和。倘若你沒有那種幻想，但也不至於「性致盡失」，那就答應吧。如果另一半要你假裝成陌生人、護士或海盜，不要太嚴肅看待，只要當成在演戲就好。表達性幻想的人也不太了解自己為何有這個想法、慾望與幻想。沒有人知道為何特定幻想會讓某些人情慾被挑起，可是確實就是如此。

在性愛生活中有些陷阱你應該要知道。其中最大的陷阱就是缺乏性愛基本知識。這會導致大家從非正式、不可靠的來源獲得訊息，而這些訊息大多來自青春時期的朋友，讓大家對自己性愛表現懷抱不當期待。結果我們往往對自己太過嚴苛，覺得自己的床上表現不佳。例如，許多男性認為只要情況所需，自己必須隨時都能勃起。如果無法勃起，他們通常就會產生嚴重自我懷疑，不知道自己是否性能力有問題。其實這些與其他眾多期望都是我們給自己的壓力，只是我們不一定都能清楚意識到。

缺乏基本知識還會產生一個問題，就是我們從未認真學習，便假定自己知道彼此的身體構造與性生理學這些知識。我們在看過使用手冊之前，不會貿然操作全新、複雜的現代家電，可是我們在性愛上卻會如此。現在有些相關的書籍介紹這方面的知識，可以參考看看。

家事

任務：創造公平感與團隊感。

瓊安再也忍無可忍。好幾個月以來，她一直叫葛雷格別把他的髒衣服丟在臥室地上，可是葛雷格總是忘了。而且他本來答應每晚洗碗和用吸塵器清地毯，可是也常常忘記。兩人都有全職工作，但瓊安通常會先到家，然後都在幫葛雷格收東西。每當她用吸塵器吸地、清洗還放在洗碗槽內的髒碗盤時，她都感到怒火中燒。等葛雷格到家時，瓊安不是對他不理不睬，就是嘲諷說自己是佣人。葛雷格堅持都是瓊安太嘮叨，那才是問題。他告訴瓊安：「如果妳別拿家事煩我，或許我還比較會做。」

葛雷格不知道自己對家事的態度如何傷害了兩人婚姻，直到他有天回家時聽到臥室傳來槌打聲。他走進房內看見太太還穿著上班的套裝，把他的髒內褲釘在橡木地板上，同時對他說：「這些褲子已經在這邊放了三天，所以我覺得你想讓它們成為永久裝飾品。」

瓊安與葛雷格最後以離婚收場。我並不是暗示大家去自家附近五金行尋找家務衝突的解決方法。重點是，男人通常不明白女人有多在乎家中整潔。

當丈夫不做自己答應要做的家務事，太太常會覺得對方不尊重，也不支持自己。這勢必會造成充滿怨恨與不快樂的關係。許多丈夫不懂太太幹嘛為了家事小題大作。丈夫們或許不是故意要這麼懶散邋遢，可是他們大多生長在傳統家庭，從小就沒看過父親做家事。丈夫可能會說，如果太太下班回家後還得做家事，那樣對太太很不公平。但他們只是說說，太太做家事時他們還是打開冰箱找東西喝。而當丈夫幫忙家事時，他會覺得太太應該讚許自己。可惜事與願違，太太反而會要求他再做更多家事，所以讓丈夫心生防備，更不想做家事。

在上述讓人遺憾的衝突中，葛雷格就是罪魁禍首。他就像大多數男人，容易高估自己能做的家事份量，這也是英國社會學家安・奧克利（Ann Oakley）的研究主題。這個情況在我們家確實存在。每當我抱怨家事都是我在做，我太太就會說：「好了不起喔！」因為她知道其實我只做了一半家事。

解決方法：解決這個問題的關鍵應該顯而易見，就是男人必須多做點家事！男人有時會因為毫無動機，所以就逃避做家事的責任。面對現實吧，外面在下豪雨時，沒有人想出門倒垃圾。這裡提供一個小小事實，或許能激發丈夫做家事的熱誠：女人覺得願意做家事的男人格外性感。比起太太覺得先生都不幫忙家事的婚姻，在丈夫會做好份內家事、保持家中整潔的婚姻中，夫妻都對性生活比較滿意。做家事對婚姻的好處還不只限於床笫之間。在這類婚姻生活中，如果太太與丈夫發生爭吵，太太的心跳速率明顯也比較低，代表她們比較不會以尖銳開場展開討論，所以也能夠徹底避免引發衝突，既不會讓情勢惡化，也不會引出離婚的元凶：四騎士與情緒衝擊。

為了拯救婚姻、改善性生活，丈夫不是非得負擔一半的家事份量。關鍵不在於丈夫確實做了多少家事，而是取決於太太在主觀上是否覺得足夠。對某些婚姻來說，這可能代表夫妻要確實平分家務。可是在其他婚姻中，丈夫若幫太太處理她討厭的家事（像清理浴廁或用吸塵器），或甚至每週花錢請人打掃家裡，減輕兩人負擔，太太可能也會同樣覺得滿意。

如欲釐清丈夫到底需要做多少家事，最好的方式就是讓兩人一起討論下列清單。藉由詳列誰到底要做哪些家事，夫妻最後就能有一個客觀基礎，決定誰應該做哪些事。

首先運用這個清單，告訴另一半你對目前的處理方式有何看法，以及你希望如何處理。這份清單不侷限於實際的居家清理，也可以延伸到其他的家務事，像是家庭財務與照顧孩子等諸多面向，因為如果夫妻中有人認為勞力分配不均，這些家務事也有可會造成衝突。

你們可能發現會有特定模式浮現。如前所言，男人通常相信自己做了很多家事，但實際上並非如此。很多時候，丈夫會做較多的「勞力活」，像是洗車或整理院子，或是不需每天嚴格按時進行的腦力工作，例如理財規畫。太太因此分攤較多辛苦乏味的日常家務（像清理與接送），而容易不滿。

跑腿	現在：	理想：
將衣服送洗	現在：	理想：
清洗窗戶	現在：	理想：
規畫伙食	現在：	理想：
買生鮮日用品	現在：	理想：
烹煮晚餐	現在：	理想：
準備餐具	現在：	理想：
飯後桌面清理	現在：	理想：
飯後廚房清理	現在：	理想：
清理浴廁	現在：	理想：
替換乾淨毛巾	現在：	理想：
保持流理臺清潔	現在：	理想：
整體清理	現在：	理想：
檢修汽車	現在：	理想：
開車去加油	現在：	理想：
油漆粉刷	現在：	理想：
繳納費用	現在：	理想：
管帳	現在：	理想：
打掃跟拖地板	現在：	理想：
水電修理	現在：	理想：
回覆電話或電子郵件	現在：	理想：
存錢	現在：	理想：
倒垃圾	現在：	理想：
做回收	現在：	理想：
洗衣服	現在：	理想：
摺衣服	現在：	理想：
燙衣服	現在：	理想：
收乾淨的衣服	現在：	理想：
拖廚房與用餐區	現在：	理想：
用吸塵器打掃	現在：	理想：
擦地板	現在：	理想：
換燈泡	現在：	理想：

維修家電	現在：	理想：
鋪床	現在：	理想：
清理冰箱	現在：	理想：
採買衣物	現在：	理想：
規畫旅遊	現在：	理想：
居家維修	現在：	理想：
重新擺設	現在：	理想：
居家修繕	現在：	理想：
購買家具	現在：	理想：
重新裝潢	現在：	理想：
購買家庭用品	現在：	理想：
購買新家電	現在：	理想：
縫補	現在：	理想：
整理廚房櫥櫃	現在：	理想：
修整院子	現在：	理想：
花草植物照顧	現在：	理想：
跑銀行	現在：	理想：
照顧室內植物	現在：	理想：
整理衣物	現在：	理想：
客人房整理	現在：	理想：
籌備派對	現在：	理想：
購買孩子禮物	現在：	理想：
帶孩子上學	現在：	理想：
送孩子上下學	現在：	理想：
放學後照顧孩子	現在：	理想：
準備孩子三餐與便當	現在：	理想：
帶孩子看醫生	現在：	理想：
督促孩子做功課	現在：	理想：
幫孩子洗澡	現在：	理想：
管教孩子	現在：	理想：
哄孩子睡覺	現在：	理想：
照顧生病的孩子	現在：	理想：

處理孩子問題	現在：	理想：
處理孩子情緒	現在：	理想：
參加親師座談會	現在：	理想：
處理學校事務	現在：	理想：
參加孩子特別的活動	現在：	理想：
籌備孩子生日與派對	現在：	理想：
教導孩子	現在：	理想：
陪孩子玩	現在：	理想：
購買孩子用品	現在：	理想：
購買禮物	現在：	理想：
聯絡親戚	現在：	理想：
為節日做準備	現在：	理想：
規畫假期	現在：	理想：
規畫渡假	現在：	理想：
規畫浪漫約會	現在：	理想：
規劃在家度過寧靜的夜晚	現在：	理想：
規畫週末	現在：	理想：
示愛	現在：	理想：
規畫出外晚餐	現在：	理想：
全家外出、兜風、野餐	現在：	理想：
財務規畫	現在：	理想：
重大支出（如汽車）	現在：	理想：
討論兩人關係	現在：	理想：
與朋友相聚	現在：	理想：
聯絡朋友	現在：	理想：
報稅	現在：	理想：
法律事務（例如遺囑）	現在：	理想：
協調家人醫療照護	現在：	理想：
藥物與其他健康事項	現在：	理想：
運動與健身	現在：	理想：
休閒旅遊	現在：	理想：

現在你們應該比較清楚知道自己目前負擔的家事爲何，知道該由誰負責哪些事。依照你們覺得的理想狀況，重新分配家務，讓各自的負擔更平均。請記住，丈夫做家事不一定就能讓太太想做愛，但有兩個變數確實會有影響力。第一個，丈夫是否不必太太要求（嘮叨）就會自動做好份內家務。做到這點的丈夫能在感情銀行帳戶增加大量存款。第二個，就是丈夫能否因應太太需求調整家務責任。例如，如果某天晚上丈夫看到太太特別疲憊，即使那天輪到太太洗碗，丈夫是否會自願分擔？此舉傳達丈夫對太太關懷備至和敬重，這樣幫忙太太比觀看任何「成人影片」更能激起太太的性趣。

為人父母

任務：擴展你們的「同在感」，把孩子包含在內。

諾拉・艾芙倫（Nora Ephron）在其著作中曾描寫自己上一段崩裂的婚姻。她在書中寫道：「孩子就像是手榴彈。當夫妻有了孩子，婚姻就會發生大爆炸。等到塵埃落定之際，婚姻已不同於以往。不一定比較好，也不一定比較差，但就是不同於以往了。」關於夫妻轉變為父母的研究幾乎都佐證她的觀點。孩子會為婚姻帶來劇烈改變。但遺憾的是，這些改變常常讓婚姻越變越糟。在孩子出生後的第一年，七成的太太對婚姻的滿意度驟降。這種狀況比較晚發生在丈夫身上，他們是因為太太鬱鬱寡歡才開始不快樂。這個極度不滿的情緒背後有種種原因，諸如睡眠不足、難以負荷、沒人領情、照顧幼兒的責任太大、必須兼顧照顧孩子與工作、經濟壓力、缺乏個人時間及其他原因。

六成七的新手媽媽會覺得很累，其他三成三的媽媽則似乎很平順地就轉變為母親（其實這當中有人透露自己婚姻變得更好）。真正讓人迷惑的，不是為何這麼多媽媽經歷重大痛苦，而是為何少數媽媽能輕鬆度過。我們曾研究過一百三十對夫妻，從新婚階段一直追蹤到婚後八年。因為這些研究，我們找到「手榴彈」爆炸後保持婚姻快樂穩定的秘訣。幸運的媽媽與其他媽媽的差別並不在於孩子是否會腹絞痛、有沒有乖乖睡覺、媽媽親自餵哺或奶瓶餵乳、媽媽是職業婦女或家庭主婦。真正的關鍵反而是爸爸是否與媽媽共同經歷轉變為父母的過程，還是爸爸落後沒有跟上。

生孩子會讓新手媽媽徹底蛻變，這點幾乎毋庸置疑。媽媽感受到對孩子深刻無私的愛，體驗到人生意義深刻無比的轉換。她願意為孩子做出重大犧牲，這個脆弱的小生命讓她感動萬分，覺得驚訝又神奇。這個經驗能讓生命徹底翻轉，所以如果丈夫沒有共同經歷，夫妻之間會漸行漸遠。當太太接受包括孩子在內的全新「同在感」，丈夫可能還在懷念過去的「小倆口」，因此他不禁會埋怨太太留給他的時間變少，而且太太總是筋疲力盡、滿腦子想著要餵孩子喝奶。他討厭兩人再也無法一起騎腳踏車、去海邊玩，因為孩子還太小，不能放進嬰兒背帶裡。丈夫很愛自己的孩子，但他也希望太太能回到身邊。丈夫這時候應該怎麼做呢？

解決這個困境的方法很簡單：他的太太已經一去不復回。太太已邁入全新領域，丈夫必須跟上。唯有如此，兩人婚姻才能繼續成長。在丈夫能做到這點的婚姻中，丈夫不會討厭孩子；他不再只覺得自己是丈夫，也會覺得自己是父親。他會對子女感到自豪，百般關懷呵護。

夫妻要如何確保丈夫能與太太共同轉變？首先，夫妻必須忽略一些坊間的建議。有些人會建議要在婚姻與家庭之間取得平衡，彷彿生活是蹺蹺板，一邊是孩子，一邊是婚姻。諮商者會建議夫妻放下孩子，花點時間專注於兩人婚姻與其他興趣：例如討論兩人關係、工作、天氣。總之聊什麼都好，就是別聊家中的孩子。可是，婚姻與家庭非但不是截然對立，反而是一體的。沒錯，夫妻確實應該偶爾放下孩子。可是如果夫妻能好好一起轉變，他們就會發現兩人還是不停在聊孩子，而且聊得欲罷不能。也許可能還沒吃完第一頓飯，他們就打電話回家了，而且至少打了兩遍。這種夫妻往往會覺得自己好像做錯事，因為他們似乎更重視自己全新的父母角色，讓夫妻關係屈居第二位，所以壓力更大，也更迷惑。可是他們其實做得對極了。這樣做的重點在於夫妻要共同經歷這個轉變過程。夫妻的思維一起轉變，讓親子關係與婚姻一起成長茁壯。

以下有一些建議，可以幫助夫妻在轉變為父母的過程中保持情感的連結。

專注於兩人的友誼。在孩子出生以前，務必要對彼此與彼此的世界非常熟悉。你們越是能緊密連結，轉變過程就越是輕鬆簡單。如果丈夫瞭解太太，當太太踏上成為母親的旅程時，丈夫就能與她密切配合。

讓爸爸照顧孩子。新手媽媽有時幹勁十足，表現得什麼都比丈夫還懂。雖然她嘴巴說著夫妻要共同照顧孩子，自己卻扮演著監督者的角色。就算她沒有發號施令，也會不斷指揮新手爸爸。如果丈夫沒有完全按照她的做法，甚至還會嚴厲指責丈夫：「別那樣抱她」、「你讓他打的嗝不夠」、「洗澡水太冷了」。面對連番砲轟，有些丈夫會樂得完全不管，把專家角色讓給太太（畢竟他們自己的父親對帶孩子也一竅不通），承認自己無法勝任。可惜的是，他們因此就越來越少參與，所以越來越不熟悉怎麼帶孩子，越來越沒自信，結果就更加感到被排除在外。

解決方法不難，就是新手媽媽不要插手。她要明白，餵奶後讓孩子打嗝的方式不只一種。就算不喜歡丈夫的做法，她不該忘記丈夫也是孩子的爸爸，體驗其他的養育風格也對孩子有利。只是用微溫的水洗幾次澡罷了，對嬰兒不會怎樣，卻能夠讓父親對家庭持續付出。如果太太真的覺得丈夫的做法不安全，可以請丈夫去讀些能建立正確觀念的育兒指南。太太可以適時給點溫和建議（別忘了使用圓融開場），說教與批評只會造成反效果。

餵奶時間對新手爸爸可能特別難熬。「陽具妒羨」是佛洛伊德提出的學說論點，不過幾乎每個太太有餵母奶的家庭都存在「乳房羨慕」：當丈夫看到太太與孩子發展出美麗的依附關係，他不禁心生妒忌，彷彿這兩人形成讓他無法進入卻充滿吸引力的排他團體。不過大部份夫妻還是會找到丈夫在餵乳過程中可以扮演的角色。例如到了餵乳時間，丈夫會負責把孩子帶到太太身邊。他可以擔任專門的「拍背員」，也可以養成習慣，在太太餵奶時靜坐陪伴他們，輕撫孩子的頭或唱歌給孩子聽。

讓爸爸陪孩子玩。有些爸爸坦承，在孩子較大之前，也就是孩子會走路、說話和玩耍之前，他們覺得自己和孩子沒有連結。很可惜，等到那個時候，丈夫與家庭生活的距離已造成婚姻裂痕。爸爸要花更多時間才能與孩子建立「情感」，這是有原因的。誠如無數研究證實，媽媽偏向於養育孩子，而爸爸則比較喜歡陪孩子玩。大部份爸爸假定自己不能與幼小的小寶寶玩耍，所以在出生後的關鍵第一年，爸爸都覺得沒有參與感。

然而，花時間陪小寶寶的爸爸會發現，小寶寶不是只會哭泣、喝奶、大便與睡覺的「小肉球」，新生兒也可以是絕佳玩伴。孩子三週大就會開始微笑，甚至在更早以前眼睛會跟著轉動。他們很快就會咯咯笑、開心踢著小腳。簡言之，如果爸爸藉由洗澡、換尿布與餵食來瞭解孩子，必然會發現孩子喜歡和他玩，也會發現自己在孩子的生命扮演著特別的角色。

擠出時間給你們自己。在轉變為父母的過程中，婚姻的優先順序常常因此變動（儘管婚姻通常列於第二位）。所以你們應該找保姆、親戚或朋友，讓夫妻倆能有些獨處時間。可是要記得，就算你們最後在「約會」時一直討論孩子，也不要覺得挫敗，你們反而是成功了。等到孩子長到大到會走路，然後成為學齡孩童，你們夫妻獨處時就不再只是討論孩子與父母的角色了。

細察爸爸的需求。就算丈夫是很棒的幫手，也能與太太共同經歷成為父母的轉變，丈夫有時還是會覺得孩子需求過大、索求無度，把太太都給搶走了。就算他在理智上瞭解孩子的需求勝過自己的需求，但還是會想念太太。太太越是能夠體認丈夫的犧牲，表明丈夫依然是她的生命重心，丈夫就越能體諒並支持太太。如果太太都沒有留時間給婚姻，丈夫可能會想退出這段關係。

讓媽媽能喘口氣。在新生兒階段，母親每天經歷許多驚奇事物，很有可能會體力透支。丈夫若能調整工作時間提早回家，或在週末偶爾接手照顧孩子，讓太太得到她所需的片刻休息，可以睡個覺、找朋友或看場電影，或是做任何讓她覺得自己與外界再次連結的事，將會對兩人關係大有幫助。

夫妻若是遵照這些建議，會發現父母身份不會拖垮夫妻關係，反而會讓兩人關係中的愛、體貼與親密達到一個新的境界。

本章所提供的建議，可以幫助你解決一些常見的婚姻問題。可是有時不論再怎麼努力想化解衝突，就是無法辦到。如果是這種情況，就是遇到永久問題了。避免或打破這種問題造成的僵局，是所有夫妻都會面臨的重大挑戰。下一章將會教你如何拯救與保護婚姻，不讓無法協調的差異造成傷害。

第十章　法則6：打破僵局

你想要孩子，可是另一半不想要。你喜歡待在家裡，但另一半巴不得每天都出去玩。如果你遇到無解的問題，覺得打破僵局毫無希望，就算知道有其他夫妻能夠自在地處理相似的衝突，把衝突當成嚴重背痛與過敏處理，可能一點也安慰不到你。當陷入僵局時，不妨試著把兩人差異當成膝關節不靈活的問題，學習處理應對的方式。這看似不可能做到，但你就是做得到。

終結僵局的目的並非解決問題，而是打破僵局，展開對話。這個僵局也許會是婚姻中的永久問題，但你們終究可以在不傷害彼此的情況下，討論這個問題。你們會學著如何與問題共存。

要能脫離僵局，你必須先瞭解僵局的起因。起因可能是重大問題（管教孩子），也可能是可笑的問題（該怎麼擠牙膏）。總之如果人生夢想沒有實現、未獲尊重，就會出現僵局這個徵兆。這裡所謂的夢想是指構成自我認同感的希望、抱負及願望，這些能為我們的人生帶來目標與意義。

夢想可以在許多不同層面發揮作用。有些夢想非常務實（例如想要存到多少錢），但有些夢想是非常深層。這些比較深層的夢想通常會被隱藏起來，較為常見的夢想則會比較外顯，例如在想賺大錢的夢想背後，也許隱藏著對於安全感的深刻需求。

夢想背後所隱藏的深層意義

我們最深層的夢想往往源自於童年。你也許渴望重現年少時家庭生活中最溫暖的回憶，例如全家每晚共進晚餐，不受電視或電話干擾。或者你可能有特別的心理需求，必須不再重複相同的活動，來遠離童年的痛苦回憶。舉例來說，如果小時候父母在吃晚餐時吵架，讓你消化不良，你可能就不想全家共進晚餐。

以下是曾參與過我們研究的夫妻所透露的一些常見的「深層」夢想。

1. 自由感
2. 平靜體驗
3. 天人合一
4. 自我探索
5. 冒險
6. 靈性之旅

7. 伸張正義
8. 爭取榮耀
9. 接受過往
10. 療癒
11. 瞭解自己家人
12. 發揮潛能
13. 權力感
14. 面對年歲增長
15. 開發自己的創意
16. 變得更強大
17. 克服過往傷痛
18. 更有才能
19. 請求寬恕
20. 探索自己已失去的老我
21. 克服個人關卡
22. 有條有理
23. 更有效率
24. 找到「放手做自己」的時間與空間
25. 能夠真正放鬆
26. 認真思索人生
27. 找到人生的優先順序
28. 完成重要的事情
29. 探索自己的體能極限
30. 在競爭中取勝
31. 旅行
32. 安靜下來
33. 贖罪
34. 做出重要事蹟
35. 結束某個人生階段，向某些事物告別

開始哭泣。

接著換傑夫解釋，他說自己一直都是不可知論者。相較於凱瑟琳的不健全家庭，傑夫的家庭穩固又慈愛。每當遇到困難，他總是會向父母求助。他希望孩子也能如此信任他們夫妻倆。他害怕如果孩子被「灌輸」宗教思想，親子關係就會遭到干涉。孩子會被訓練成向上帝呼求，而不是向父母求助。

傑夫與凱瑟琳的夢想背道而馳。傑夫夢想他們能組織幸福家庭，提供孩子所需的關愛與支持，他認為宗教會威脅緊密的親子關係。凱瑟琳則將宗教視為重要支柱，想確保孩子也能獲得信仰的支持。

當他們開誠佈公討論這些夢想，現場的氣氛明顯改變。傑夫告訴凱瑟琳自己很愛她。他終於明白凱瑟琳之所以那麼想讓寶寶受洗，是因為她深愛著孩子，而那也是他自己的骨肉。他發現太太的想法「完全合情合理」，出於這份愛，她想保護孩子不會受到自己吃過的苦。雙本感情原本被種種怨恨與憤怒淹沒，但是這份領悟幫助傑夫重拾對凱瑟琳的深刻感情。

在首次諮商中，這對夫妻之間並未互相傳達任何情緒。可是這次當傑夫聽著太太講述童年往事，他臉上明顯出現同情神色。他還會拿面紙給哭泣的太太，鼓勵她說下去。當傑夫述說自己的故事時，凱瑟琳也是專心聆聽。

既然真正的問題已經攤開來講了，他們就能討論如何以尊重兩人願景的方式養育兒子。傑夫告訴凱瑟琳，他不會再反對兒子受洗。他自己依然是不可知論者，但同意讓孩子接受基本的宗教教導。可是他還是反對密集的宗教課程，因為他害怕教會把想法灌輸在孩子身上。凱瑟琳可以接受這個妥協方案。

面對這種深層的問題，光是一次諮商還無法消除傷害，可是傑夫與凱瑟琳都踏出了重要的第一步。夫妻倆開始面對彼此，尊重並認同彼此對孩子的想法。他們同意尋求進一步諮商，讓他們目前接受的輔導更成功。他們的婚姻是否能擺脫或解決這個問題呢？也許不能。可是他們開始學著與這個問題和平共處。

找出引發衝突的夢想，跨出面對彼此的第一步

如果你們因為婚姻問題陷入僵局，不論是大是小，首先要找出是哪個或哪些夢想引發這場衝突。要怎麼知道自己正爲被隱藏的夢想痛苦？有個很好的指標可以參考：你是否會把另一半當成問題的唯一肇因。例如，你會說之所以發生這個問題，純粹因為丈夫太懶，或是太太沒有盡到責任、要求太多，這就是夢想被隱藏的徵兆。這代表你沒發現自己也是衝突的原因，因為被隱藏起來。

揭露被隱藏的夢想是項挑戰。除非你覺得婚姻夠穩固，彼此能好好討論，否則夢想不太可能會浮

現。所以為了增進兩人的友誼，請務必運用本書第三、四、五章介紹的方法，展開對話。

請持續面對不可化解的衝突。相較於對彼此期待降低的夫妻，對婚姻有所要求的夫妻比較可能有滿意、和睦的婚姻。

當首次說出並坦承自己的夢想時，可能會發現兩人之間的問題非但沒有好轉，反而更惡化。這時請要有耐心。要在婚姻中坦承並捍衛自己的夢想並不容易。僵局的本質就是夫妻各自的夢想似有牴觸，所以才會變得堅守自己的立場，害怕被對方影響、做出讓步。

一旦你已經準備好要克服僵局，請參考以下的步驟進行。

步驟一：成為夢想偵探

在兩人結婚之後，極為私密的夢想通常不會被提及或顯現，因為我們假定這樣兩人關係才能維持下去。夫妻往往覺得對此自己沒資格抱怨，可能認為自己的渴望「幼稚」或「不切實際」。可是貼上這種標籤並無法改變事實：這個夢想就是你所嚮往的，如果婚姻不能尊重這個夢想，衝突勢必會接踵而來。換言之，當你以埋葬夢想來適應婚姻，這個夢想還是會以僵局衝突的形式再現。

練習一：發現夢想

這個練習可以多做，藉此學習如何揭露隱藏的夢想，而不需先專心處理婚姻問題。以下提供六個常見僵局衝突的案例。請閱讀每個案例，思索隱藏在夫妻各自觀點中的夢想。編出一則小故事，或是一段敘述，來解釋丈夫的夢想與立場，還有太太的。在每個案例中，想像當中主角的立場就是你的立場，非常難以讓步。想想你的立場對自己的意義，還有這個夢想可能來自哪一段過往。藉由想像別人的夢想，可以幫助自己打開那道門，發現導致自己婚姻僵局的夢想。

這個練習可以盡量發揮創意，沒有正確的標準答案。為了讓你更快上手，在此先提供前兩對夫妻的夢想與故事範例。至於其他夫妻的夢想與故事，你可以在後面幾頁找到參考範例。試著不要先看這些夫妻夢想的參考故事，除非你已經想出自己的版本。如果自己親自做一遍，在這個練習中將會有更多收穫。

第一對夫妻

丈夫：我認為老婆太要求整潔。每次她清理過後，我老是找不到東西。我認為她不夠體貼，太想控制別人，讓我覺得很煩。

在這場衝突中，我的夢想可能是：

我的父母對我管教極為嚴格。只要我與他們意見不合，他們就覺得我在忤逆父母，結果讓我變得有點叛逆。我從不諱言自己無法服從威權，所以才決定自行創業。我夢想自己能有個家，讓我能坦率做自己，不需要遵守任何嚴格的規範。我希望自己的孩子也能挑戰威權，獨立思考，而不是純粹學習如何順從。我想在自己家中覺得自在，包括有時可以懶散一下。

太太：我喜歡自己家裡保持一定的秩序與整齊。我一直在打掃先生弄亂的東西。我認為他很不體貼，讓我覺得很煩。

在這場衝突中，我的夢想可能是：

我生長在一個亂糟糟的家庭。小時候家裡完全沒人可以依靠。我從來都不知道誰會帶我上下學。我媽媽有時候會忘記來接我，讓我很討厭她。等我到家後常常沒有晚餐可吃，沒有乾淨衣服可穿。所有責任都落在我的肩上，我必須為弟弟妹妹打理一切。我討厭什麼事都得自己來。我的夢想就是為孩子與家人提供更健全的家庭環境。我認為秩序代表可預測性、安穩與平靜，這也是我想給孩子的生活。只要家裡亂七八糟，我就會想起小時候的混亂。

第二對夫妻

丈夫：我太太很情緒化，還說我冷血。我們的這項差異讓我覺得她有時反應過度、容易失控，或許還太過敏感。我認為在處理讓人激動的情況時應該要保持理性、不要太情緒化，這才是最佳對策。太太卻說我讓人摸不透，難以親近。

在這場衝突中，我的夢想可能是：

從小到大，家裡每個人都能言善辯，而且也喜歡互相辯論。我爸爸總是會提問挑戰我，採取與我相反的立場，然後我們就會辯上一場。我們辯論時可以暢所欲言，我們也樂在其中。在這種辯論比賽中，只要情緒激動就算違規。只要有人激動起來，辯論就此結束。所以在我的家庭高度推崇情緒控管，至今依然如此。或許我應該多一點情緒，但不是裝出來的。我夢想成為一個堅強的人，我認為情緒激動就是軟弱的表現。

太太：我是個感情豐富的人，我的丈夫卻完全沒什麼情緒。我們之間的這個差異讓我覺得另一半有時冷淡又「很假」，彷彿置身事外。我常常不知道他到底有何感受。我們之間的這個差異讓我很沮喪。

在這場衝突中，我的夢想可能是：

我只是個情感豐富的人，如此而已。人生在世就該去感受、接觸與回應所有事物，我認為這就是人生的真諦，就是要能夠做出回應。這是我最為重視的。我會回應周遭一切事物，像是偉大的藝術、建築、孩童、小狗、運動競賽與悲傷電影。擁有情感代表我們活著。這是從小我們家的教養方式，我也深感慶幸。我夢想能與所愛的人分享情感。若是無法分享情感，婚姻註定會死氣沉沉、虛假和孤寂。

第三對夫妻

丈夫：我老婆太愛吃醋，特別是在我們參加聚會的時候。我認為在社交場合就該認識新朋友，這是我覺得有趣之處。可是我老婆很黏人又怕生。她總說我在聚會時和其他女人打情罵俏，可是那根本不是實情。這個指責讓我覺得受到侮辱，火冒三丈。我不知該如何打消她的疑慮，她的不信任也讓我很煩。

在這場衝突中，我的夢想可能是：

太太：只要去聚會或其他地方，我先生就會盯著其他女人，跟她們打情罵俏。這讓我非常生氣、很丟臉。我一直反覆提這件事，但就是沒辦法讓他停止這樣做。

在這場衝突中，我的夢想可能是：

第四對夫妻

太太：丈夫比我更常想要做愛。當他不斷央求要和我親熱，總是讓我不知所措。我不知道該怎麼婉拒他。這種相處模式讓我覺得自己不近人情。我不知道怎麼處理這問題。

在這場衝突中，我的夢想可能是：

丈夫：我比太太還更常想要做愛。只要每次她拒絕我，我都會很受傷。這種相處模式讓我覺得自己沒魅力、沒人要。我不知道怎麼處理這問題。

在這場衝突中，我的夢想可能是：

第五對夫妻

太太：我認為丈夫花錢太吝嗇，他不喜歡花錢享受或玩樂。我討厭自己在花錢上沒有更多的自由與掌控權。

在這場衝突中，我的夢想可能是：

丈夫：我認為太太的花錢方式不切實際，她花錢欠缺考慮又自私自利。

在這場衝突中，我的夢想可能是：

第六對夫妻

太太：丈夫非常喜歡與家人保持密切聯繫。對我來說，與家人的聯繫會帶來很大壓力與失望。我已經脫離原生家庭，而且還想更加疏遠。

在這場衝突中，我的夢想可能是：

丈夫：我非常喜歡與家人保持密切聯繫。對我而言，與家人的聯繫是非常重要的。但太太比較想我們自己過生活就好。

在這場衝突中，我的夢想可能是：

參考答案

第三對夫妻

丈夫：我真的沒在跟別人打情罵俏，我也對另一半以外的人沒興趣。唯有在參加聚會時，我才會大大展現愛交際與人來瘋的一面。當我參加聚會時，我真的不想管其他人怎樣。我的夢想就是能夠自由自在，想幹嘛都可以。

太太：我總是想讓自己生命中特別的人覺得「有我就夠了」。那就是我的夢想：真正感受到我對另一半的吸引力和魅力。我希望另一半對我有興趣，想更認識我，知道我在想什麼、想瞭解我的內在。如果我和丈夫出去，他對別人都視若無睹，眼中只有我，專心與我說話聊天，一直都和我一起，卻還是心滿意足，那我覺得真是浪漫極了。

第四對夫妻

太太：我很久以前曾經遭到性侵。當時我真的完全無法反抗，那是非常恐怖的經歷，但就是發生了。我現在常有許多負面感受，但我知道並不是另一半的問題。我覺得如果按照我的方式，我就能夠接受性愛。我在婚姻中獲得許多療癒與柔情，但畢竟我經歷過真實創傷，所以可能永遠無法克服這些感受。我的夢想就是另一半能按照我的方式和我有親密關係。

丈夫：我的夢想就是能與另一半親熱，而且我們會激情到「拋開一切」，也就是被我迷得神魂顛倒吧。我知道自己不是超級美男子，可是有時候我也還挺不賴的。我總希望另一半覺得我魅力無法擋。

第五對夫妻

太太：人生苦短，不應該老是未雨綢繆。我知道存點錢是必要的，可是不希望自己只是為明天而活，不想讓人生白白流逝。我常覺得自己不夠特別，所以不值得「浪費錢」在我身上。我希望感覺到自己很特別，而且是真實地活著。這念頭從何而來？應該是過去家境貧寒，總是得省吃儉用。可是現在我收入優渥，再也不需要過那種生活。

丈夫：我想要享受人生，但要有所節制。就我看來，貪婪是這世界的一大問題。世人似乎永遠無法滿足自我的「物質」慾望，永遠都嫌錢不夠用。我不想渴求什麼事物，只要簡單事物和一點錢，我就能滿足。老實說，我不需要擁有太多就能很快樂。所以我自認像是個具有人生目標的僧侶，而且我確實是如此。僧侶只要少許物質就能滿足，一切都是上天的恩賜，而且非常豐厚。所以我相信人就該多多積蓄，少許花費即足夠。對我來說，人本來就該過這種合乎道德的生活。這想法從何而來？我想是承襲自我那位生性節儉的父親。多虧他勤儉持家，我們家一直無所匱乏。等他過世後，母親也衣食無缺。我很敬重他的成就。

第六對夫妻

太太：我過去費盡千萬苦才終於脫離一個不健全的家庭。我的父母十分冷漠疏離，妹妹住進精神病院，哥哥吸毒成癮，只有我逃出那個家。我徹底疏遠家人，而與朋友極為親近。朋友對我意義重大，至今也還是非常重要。可是對於夫家的人，我卻是很怕跟他們親近。我看過許多不健全家庭，讓我感到非常害怕。我的夢想就是建立自己的家庭傳統，自個好好過生活。

丈夫：我總是認為有大家庭的感覺非常重要。我記得以前週日都會有二、三十個親戚來拜訪母親，整個下午都有吃不完的點心和咖啡，大家還會分享許多精彩故事，一起玩牌，歡笑連連，最後再共享美味晚餐。就算在艱苦的日子，母親總是能把湯煮得濃郁豐盛。我夢想自己的家庭能有這種親密、讓人覺得安心的家族感。

步驟二：處理陷入僵局的婚姻問題

前面你已經練習過如何找出夢想，現在試著揭露自己婚姻中的夢想。選擇某個陷入僵局的衝突來處理，然後寫下各自的解釋，不要批評或責怪對方。請運用前述那些夫妻的說法做為參考。請注意，他們都沒講彼此的壞話，反而專注於表達自己的需求、渴望與感受。接著寫出你之所以有那些想法以及隱藏在夢想背後的故事，解釋這些夢想從何而來，以及為何意義重大。

一旦彼此都瞭解引發僵局的夢想是什麼，現在就能開始探討。兩人各當十五分鐘的講者與聽者。先不要試著去解決這個問題。現在試圖解決，可能會適得其反。你的目標就是單純去瞭解，為什麼彼此對這個問題如此僵持不下。

講者的工作：誠實講出自己的立場與立場背後的含意，描述什麼是引發僵局的夢想，解釋這個夢想的源頭與象徵意義。要清楚誠實表達出自己的需求，以及為什麼這是如此重要，就像在對好友或中立第三方述說的那樣。不必為了怕傷害對方或爆發爭吵而試圖過濾內容、輕描淡寫。如果你發現很難做到，請回頭看第八章有關圓融開場的建議。有些方法還是可以用上，例如「我訊息」、只談論自己的感受與需求。此時不應該批評另一半，也不要爭吵。你對另一半夢想的感受是次要問題，不應該在此時處理。

聽者的工作：先不要去論斷，要像朋友般傾聽。就算對方的夢像與自己的夢想牴觸，也不要覺得是衝著你來。別浪費時間去想該怎麼反駁或解決問題。你現在就是聆聽對方的夢想，要鼓勵對方去探索。以下是一些可能用得到的提問，使用時不必一字不漏，而是要把蘊含的精神融入自己的話語中。

- 說說那個夢想背後的故事。我想瞭解那個夢想對你的意義。
- 你對這個問題有何看法？
- 你覺得如何？
- 你想要的是什麼？需要的是什麼？
- 這些事物對你有何意義？

錯誤示範：

太太：我總是夢想著遠征聖母峰，進行攻頂之旅。

先生：第一，我們沒有那個閒錢。第二，登山是讓我最有壓力的活動，我光站在桌上都會頭暈。

太太：算了。

正確示範：

太太：我總是夢想著遠征聖母峰，進行攻頂之旅。

先生：告訴我登山對你的意義。你從登山中得到什麼？

太太：登山會讓我欣喜若狂，彷彿自己踏上世界的巔峰。小時候人家常說我身體不好，什麼事都不能做。我父母總是叫我：「小心點，小心點。」我認為登山最能讓我有解放的感覺，能帶給我強烈的成就感。

如果可以話，告訴另一半你支持他／她的夢想。那不一定代表你相信這個夢想可以或應該實現。尊重另一半夢想可以分為三種層級，每個層級都有益於婚姻。第一就是表達你瞭解對方的夢想，就算沒有相同的夢想，還是要表示有興趣多了解。例如，先生可以支持太太去上登山課程，而當她談論登山時，先生也能興致勃勃地傾聽。第二就是資助對方的夢想。這代表先生要幫太太籌措登山的經費。第三就是參與對方的夢想，例如先生自己也喜歡上登山。

拯救與穩固婚姻的關鍵，就是認同並尊重彼此最深層、最私密的願望與夢想。

你可能發現自己能對另一半的某些夢想「支持到底」，可是有些夢想你連瞭解與產生興趣的第一層級都做不到。那也沒關係。如欲打破僵局，不一定非得參與彼此的夢想（雖然可以藉此讓生活更多采多姿），但重點是要尊重這些夢想。畢竟你不希望自己毀了對方的夢想，而且還沾沾自喜。

步驟三：彼此安撫

討論彼此對立的夢想可能會很有壓力。如果其中一人情緒衝擊太大，就會毫無斬獲。若是如此，在你們想要咬牙突破僵局之前，可以先休息片刻，恢復平靜。請參閱本書第八章的練習（「安撫自我與彼此」）。

步驟四：終結僵局

現在你們可以著手進行與問題共處的任務，接受雙方差異，建立能幫助兩人繼續融洽討論問題的初步妥協。要記得，你的目標不是解決衝突，因為這個衝突可能永遠不會消失。你的目標反而是將這個問題的「殺傷力」減到零，試著去消除傷害，這個問題才不會繼續帶來嚴重痛苦。

你們可以藉由第八章的畫圈練習（「找出共通點」），來開始進行。要明確畫出無法退讓的最小核心區域。為了做到這點，必須深入探索自己內心，試著把問題分成兩種。第一種是只要讓步就絕對會破壞基本需求或核心價值的問題。第二種是具有彈性的問題，因為對你而言它們沒有那麼「棘手」。試著盡量增加第二種問題，減少第一種問題。

接著與另一半分享這兩份問題清單。兩人一起，運用在第八章學到的技巧，想出一個暫時的妥協方案。給這個方案大約兩個月的試用期，然後再審視你們的進展。可別指望這樣就能解決問題，這只是幫助你們與問題和平共處。

舉例來說，莎莉相信人要活在當下。所以她比較偏好率性而為，對花錢無所節制。而安全感是葛斯的主要人生目標。他小心謹慎，三思而後行，極為節儉。當莎莉堅持要買山中木屋，兩人的歧異就導致衝突。葛斯馬上拒絕，說他們買不起木屋。莎莉則是很有自信買得起。

他們為了這個問題陷入一年的僵局。每當他們試著討論這問題，雙方就會爭吵不休，互相咆哮。葛斯覺得莎莉不負責任又愛作夢，老想揮霍他的血汗錢。莎莉則責怪葛斯想要剝奪她人生所有樂趣。

為了克服這個僵局，葛斯與莎莉必須先探索兩人對於購買木屋歧見背後的象徵意義。當他們首次討論，嘗試處理這個問題時，莎莉說她的夢想是追求快樂、徹底放鬆，天人合一。只要擁有木屋，這些夢想就能通通實現。只是她也擔心葛斯把她想成只為明天而活的人，所以她不再對葛斯說這些（莎莉過去常常這麼說）。她反而專心表達自己渴望的事物，而不是與葛斯有關的憤怒或恐懼。

接下來換葛斯發言，他告訴莎莉儲蓄對自己有極大的象徵意義。他渴望自己有穩固的財務，因為他害怕年老時一貧如洗。他還記得自己祖父母因為貧困而吃盡苦頭。祖父最後流落到養老院，葛斯相信那裡讓祖父的尊嚴蕩然無存。他人生中的一大目標就是老年時不會受到羞辱。葛斯也很氣莎莉，認為她做事不顧後果，只會幼稚地追求當下的滿足，這會對他試著為夫妻倆創造的幸福生活帶來威脅。可是他現在不會這樣指責她了，只專心說明與描述自己對財務穩健的想法，並解釋這與他的童年有關。

莎莉與葛斯討論過兩人立場背後的象徵意義後，情況就發生了徹底轉變。兩人們不再把彼此的夢想視為威脅，而是看到這些夢想的本質：自己所愛之人心中的深切渴望。雖然他們的夢想依然對立，但他們現在會尋找共通點，想出能尊重、甚至配合對方的辦法。他們的做法如下：

1. 明確畫出兩人無法讓步的最小核心領域。莎莉說她非買木屋不可；葛斯說他必須存到三萬美元才能確保財務無虞。
2. 明確畫出具有彈性的領域。莎莉說她可以勉強接受小一點的木屋，放棄原本夢想中的大型木屋。她對購買小屋的時機也保有彈性。雖然她想現在就買，但只要她覺得葛斯支持這個決定，兩人也努力朝這個目標邁進，她可以再等上幾年。葛斯對存到三萬美元的時間也有彈性，只要他知道夫妻倆會各自撥出特定數額的薪資存起來，持續往這個目標努力。

3. 想出尊重彼此夢想的暫時妥協方案。他們會買小木屋，但不會等三年才買。同時他們會將半數存款繳納分期貸款，半數放在共同基金。幾個月後他們會再審視此方案，決定是否可行。

莎莉與葛斯明白，他們最深層的永久問題永遠不會消失。莎莉還是會不切實際，想要買木屋或來個豪華旅行，葛斯還是會擔心兩人的財務、退休基金等問題。可是藉由學習如何應對兩人差異，他們就可以避免因為個性差異引發的特定衝突，然後陷入僵局。

以下提出幾個案例，這裡借用了前面「發現夢想」練習中的幾對夫妻，示範如何透過這個過程，學習接受兩人差異。雖然這些問題不太可能完全跟你的問題一樣，但還是能讓你明瞭，擁有嚴重歧見的夫妻可以怎麼克服僵局。

第一對夫妻

僵持的問題：打掃的問題，太太希望丈夫能更愛乾淨一點，丈夫希望太太別拿這件事煩他。

隱含在衝突中的夢想：

太太：家中整齊清潔

丈夫：在自己家中自由自在

無從妥協的領域：

太太：無法忍受廚房裡有髒碗盤沒洗，也受不了浴室髒兮兮。

丈夫：受不了趕完工作後就得立刻清理。

具有彈性的領域：太太可以忍受一點凌亂，只要不髒就好。丈夫可以清理碗盤與浴室，只要不必隨時繃緊神經就好。

暫時妥協方案：兩人都會負責保持浴室與廚房清潔。太太嘮叨丈夫不好好整理的次數每週不能超過一次。可是如果丈夫沒有做到，太太就會把凌亂的東西疊起來，放在丈夫居家辦公室的地板。

後續的衝突：太太還是討厭東西亂丟，丈夫還是討厭東西要整理好。

第二對夫妻

僵持的問題：兩人對情緒表達的包容度差異太大。

隱含在衝突中的夢想：

太太：情感豐富是她自我認同的一部份，能為她的人生帶來意義。

丈夫：他將情緒化視為軟弱的表現。

無從妥協的領域：

太太：她總是以熱情回應人生，這點不會改變。

丈夫：他無法為了取悅太太變成情感豐富的人。

具有彈性的領域：兩人都接受對方不會改變自己的人格特質。

暫時妥協方案：兩人會尊重彼此在這方面的差異。丈夫可以接受太太需要談論和分享情緒，太太能接受丈夫無法這麼做。

後續的衝突：他們表達情緒的方式還是截然不同。

第三對夫妻

僵持的問題：丈夫喜歡在聚會中和別人聊天，太太卻希望丈夫陪在身旁。

隱含在衝突中的夢想：

丈夫：能自由自在，並能在社交活動認識新朋友，盡情探索。

太太：自己是丈夫目光的焦點。

無從妥協的領域：

丈夫：必須要有玩樂的自由，還有認識新朋友的自由。

太太：無法忍受丈夫與其他女人共舞，或是發生肢體接觸，就算是僅止於朋友的方式也不行。

具有彈性的領域：

丈夫：在聚會活動時不必一直與太太在一起。

太太：可以忍受丈夫與其他女人聊個幾分鐘。

暫時妥協方案：如果參加聚會，有一半的時間兩人會待在一起。其他時間丈夫可以離開太太，加入其他人。但他不會和其他女人共舞，也不會碰觸她們。如果他的舉止惹太太生氣，會立刻停止。

後續的衝突：丈夫總是想要社交，太太總是希望丈夫只關注她。

現在就看你能否以相同方式概述自己問題。首先清楚寫下問題是什麼，以及是哪個或哪些夢想引發問題。然後註明無法妥協的領域以及具有彈性的領域。最後寫出雙方同意短時間內嘗試的暫時妥協方案。如果能簡短敘述後續衝突，確認雙方知道衝突仍然無解，可是願意容忍，這樣將會幫助良多。

步驟五：表達感謝

對於那些早已造成婚姻極大困擾的問題，可能需要一次以上的諮商才能克服僵局。但是不論你們多麼努力嘗試接受對方觀點，不去論斷，接受婚姻諮商仍會帶來很大壓力。

下面的這項練習能讓你們最後有個正向的詮釋。此練習的目標是要試圖再造感恩的氛圍。在這種氣氛下你們會回想自己得到的祝福，並自我檢視，爲自己所擁有的表達感激。當討論過僵持不下的衝突後，這點可能特別難做到，可是越難就越值得嘗試。

練習二：表達讚賞

從下列選出三個另一半令你非常讚賞的特點（你當然也能增加新的項目），然後告訴對方。你可以只說句簡單的話，像是「我真的很喜歡你能了解我的心情」。

- 你的活力
- 你的堅強
- 你的領導方式
- 你讓我主導事情的方式
- 你對我很體貼

- 你支持與回應我的心情
- 你能了解我的心聲
- 我們做決定時你的做法
- 你讓我做自己
- 你的肌膚

- 你的臉龐
- 你的溫暖
- 你的熱忱
- 你的頭髮
- 你撫摸的方式
- 在你身邊感受的安全感
- 你的溫柔
- 你的想像力
- 你的雙眼
- 你的可靠
- 你對我瞭解透徹
- 你的優雅
- 你的動作
- 你親吻的方式
- 你的愛
- 你的赤子之心
- 你的幽默
- 你的穿著打扮
- 你對我的忠誠
- 你是個好伴侶
- 你是稱職的父母
- 你像朋友一樣
- 你的風格
- 你的熱情

遵照以上步驟，你就能打開永久問題所造成的僵局。要對這個過程和彼此有耐心。這些問題在基本上都很難解決。所以為了擺脫這些問題的箝制，需要雙方的付出與信任。當問題沒那麼困擾，也就是當雙方能以幽默的態度討論、而這問題也不再擴延、排擠掉兩人的愛與喜悅，你就知道有進步了。

第十一章　法則7：創造共同意義

「我們曾經是現代都會式的婚姻，」海倫說道。「我是說我們過去的婚姻很表面。我們相處融洽，也算相愛，可是我不覺得自己與凱文有什麼連結。」海倫自稱是「女性主義的狂熱信徒」，對自己的獨立自主感到驕傲。起初她覺得與凱文展開兩人生活很棒，他們擁有自己的事業、興趣與朋友。可是婚後隨著時光推移，特別是兩人有孩子之後，她漸漸覺得有所欠缺。她不想放棄強烈的個人認同，可是她想從婚姻得到更多。在她參加婚姻相關的工作坊後，她明白自己究竟欠缺什麼：她想要覺得自己與凱文是一家人。

如果能持續遵守前六項法則，兩人的關係大有可能穩定又幸福。可是如果你不禁想問「只是如此而已嗎」？那你可能遇到與海倫相似的情況。夫妻之間可能欠缺的是更深層的共同意義。婚姻不只是養兒育女、分擔家務與親熱做愛。婚姻也能擁有創造兩人內在生命的精神層面，亦即一種充滿象徵意義和慣例的文化，以及對彼此角色與目標的認同，這能連結兩人、帶領兩人瞭解成為家人的意義。

通常講到文化，我們總會想到有特定習俗和飲食習慣的民族或國家。可是只要小倆口願意共同生活，也可以創造出一種家庭文化。在本質上，每對夫妻與每個家庭都有自己的微型文化。每個家庭都擁有自己的慣例（例如週日晚上外出用餐）、儀式（像是孩子出生後抓週）以及夫妻各自講的故事。不論是真、是假、或經過渲染，這些故事能解釋夫妻對自身婚姻的定義，說明身為這個家庭成員的意義。

寶拉與道格自認是各自家庭裡「吊車尾的孩子」。家人都覺得他們最不聰明、最不討人喜歡、最不可能勝過其他手足。可是結果兩人的兄弟姊妹不是未婚，就是離婚，而他們卻擁有幸福的婚姻。兩人工作穩定，有棟不錯的房子，養育出很棒的孩子。在他們的家庭文化中，只要講到夫妻倆的故事，他們總會說兩人合作無間、積極果斷，讓不看好的人刮目相看。儘管困難重重，他們依然成功了。

夫妻共同形塑出一種家庭文化，並不是指雙方要有完全一致的人生哲學。重點反而是雙方互相配合，就算兩人夢想不盡相同，還是能夠設法彼此尊重。夫妻共同形成的家庭文化要能兼顧兩人的夢想。這個文化也要具有足夠彈性，能隨著夫妻成長而隨之改變。當婚姻擁有這種共同意義，衝突就不會那麼激烈，永久性的問題也比較不會導致僵局。

就算夫妻對兩人生活的意義沒有深刻同感，他們還是可能擁有穩定婚姻。就算兩人夢想並非同出一轍，婚姻還是可以經營。本書最末章會說明如何應對永久問題，讓兩人與問題和平共存，而不是因此陷入僵局。重點是就算夫妻擁有不同夢想，還是要能互相尊重。舉例來說，你們可能對用錢看法不同，可是卻能充分尊重彼此的價值認同，藉此跨越兩人的差異。

還有一點也是真的：**讓人滿足的婚姻不會只是迴避衝突。夫妻對人生基本法則越有共識，生活就會越豐富、有意義，而且輕鬆自在。你們絕不會強迫對方要有一樣根深蒂固的看法**。但只要兩人敞開胸懷，接受彼此的觀點，處理問題時自然所見略同。所以任何婚姻都有一個重大目標，那就是創造鼓勵氣氛，讓雙方能坦誠討論彼此的信念。只要對彼此越坦誠與敬重，就越可能找到共同意義。

當海倫與凱文來找我們時，他們討論了本章後面所列的問題，好讓兩人能專注聚焦在生活的心靈層面。他們首次認真討論各自的家人、家庭背景、價值觀與象徵意義。等他們到家後，海倫拿出娘家舊相簿，讓凱文看她曾祖父母的照片。她曾祖父母當初從愛爾蘭移民到美國，關於曾祖父母的結婚故事，海倫已經聽過無數次，現在她也轉述給凱文聽：曾祖父來美國前就先與曾祖母訂婚，然後他花了四年漫長的歲月奮鬥打拚，同時對太太保持真心誠意、堅定不移。最後他存了足夠的積蓄，就把曾祖母接來。海倫後來瞭解這故事所傳達的訊息：忠誠是婚姻與家庭生活的一大支柱。在這之前，她從未直接向凱文表達這個想法。

兩人之間越能找到共同意義，關係會越深刻

凱文也回想自己的家庭故事，他對祖母的故事印象特別深刻：祖母獨力在鄉下經營雜貨店，因為在大蕭條時期她總是為貧困鄰居提供免費食物，結果差點讓自己破產。大家都知道她會預留一定數量的物資，分送給鎮上的貧窮家庭，所以每週一晚上打烊時，這些家庭就會來店裡拿。凱文告訴海倫：「我爸總說我們家的人慷慨到像傻瓜。可是從他的說話方式，妳知道他其實對我們是這樣的人感到自豪。」他告訴海倫那個觀點大大影響自己的成年生活，他總是堅持捐出大筆慈善款項。

那次的談話成為凱文與海倫婚姻的轉捩點。從那之後，他們就常常討論各自從小聽到的家族故事，還有裡面傳達的價值觀（例如忠誠與慷慨）。久而久之，他們聽過雙方家族的故事後，再把這些故事傳承給孩子，雙方的家族故事就變成他倆的故事，也就是他們所組成的這個新家庭的故事。海倫接受凱文重視的家族故事與價值觀，將其融入自己的生命中。凱文也同樣接受她的家族傳承。

如前所述，夫妻間越能找到共同的意義，兩人關係將會更深刻豐富、讓人滿足。若能依循前三項法則所強調的方法，兩人漸漸也能強化彼此友誼，不管突然出現什麼衝突，都能更輕鬆應對。這就是本書七大法則的優點，這些法則能形成回饋循環，只要學會運用其中一項，其他法則便能容易上手。

共同意義評量

若想瞭解你和另一半創造生活共同意義的程度，請回答下列問題。

讓兩人有連結的慣例

1. 對於家中晚餐時間，我們意見一致。「是」「否」
2. 節日大餐（如中秋節、元宵節、端午節）是我們覺得非常特別、歡樂的時光，或是我倆覺得很討厭。「是」「否」
3. 一天忙完回家後的團聚，通常都是特別的時光。「是」「否」
4. 對於電視在家中的角色，我們看法一致。「是」「否」
5. 睡覺時間通常是表達親密的美好時光。「是」「否」
6. 我們會在週末做許多自己喜歡與重要的事情。「是」「否」
7. 對於招待客人，我們的價值觀相同（例如請朋友到家中、舉辦聚會）。「是」「否」
8. 我們都很重視（或者都不喜歡）特別的慶祝活動，例如生日、結婚週年或家庭聚會。「是」「否」
9. 當我生病時，另一半會照顧我、關心我。「是」「否」
10. 我真心期待並享受兩人的假期與旅遊。「是」「否」
11. 早晨是我們共度的特別時光。「是」「否」
12. 當我們一起辦事，我們通常都很愉快。「是」「否」

13. 當我們筋疲力盡、疲憊不堪，我們總有辦法打起精神、重新振作。「是」「否」

計分方式：每圈選一個「是」，即得一分。如果分數低於三分，你的婚姻在這方面還有改善空間。

請務必一起做這份評量後的練習一。

你們的角色

14. 對於夫妻角色，我們的價值觀很相似。「是」「否」
15. 對於父母角色，我們的價值觀很相似。「是」「否」
16. 對於朋友角色，我們的價值觀很相似。「是」「否」
17. 對於工作在人生中的角色，我們的看法相合。「是」「否」
18. 對於平衡工作與家庭的人生哲學，我們的看法相似。「是」「否」
19. 另一半支持我認定的人生基本目標。「是」「否」
20. 關於家族和親人（手足與父母）對兩人生活的重要性，我們的看法相同。「是」「否」

計分方式：每圈選一個「是」，即得一分。如果分數低於三分，你的婚姻在這方面還有改善空間。

請務必一起做這份評量後的練習二。

兩人目標

21. 對於兩人的生活，我們有許多共同的目標。「是」「否」
22. 當我年老時回顧一生，我會看到兩人的道路完美契合。「是」「否」
23. 另一半重視我的成就。「是」「否」
24. 另一半尊重我於婚姻以外的個人目標。「是」「否」
25. 對我們重視的其他人（孩子、親人、朋友與團體），我們有許多共同的看法。「是」「否」
26. 我們的財務目標極為接近。「是」「否」
27. 對於潛在的財務危機，我們的擔憂相似。「是」「否」
28. 對於孩子、整體人生與老年，我們的希望與抱負，不論是個人的還是共同的，都頗為接近。「是」「否」
29. 我們的人生夢想相似或能互相接納。
30. 就算意見相左，我們還是能尊重彼此的人生夢想。「是」「否」

計分方式：每圈選一個「是」，即得一分。如果分數低於三分，你的婚姻在這方面還有改善空間。

請務必一起做這份評量後面的練習三。

你們的象徵

31. 對於家的意義，我們看法一致。「是」「否」
32. 對於愛情的理念，我們的看法頗為相似。「是」「否」
33. 對於生活安寧的重要性，我們的價值觀相似。「是」「否」
34. 對於家庭的意義，我們的價值觀相似。「是」「否」
35. 對於性愛在人生的角色，我們的看法相似。「是」「否」
36. 對於愛和感情在兩人生命中的角色，我們的看法相似。「是」「否」
37. 對於婚姻的意義，我們的價值觀相似。「是」「否」
38. 對於金錢在兩人生活中的重要性與意義，我們的價值觀相似。「是」「否」
39. 對於教育在兩人生活中的重要性，我們的價值觀相似。「是」「否」
40. 對於玩樂在兩人生活的重要性，我們的價值觀相似。「是」「否」
41. 對於冒險的重要性，我們的價值觀相似。「是」「否」
42. 對於信任，我們的價值觀相似。「是」「否」
43. 對於個人自由，我們的價值觀相似。「是」「否」
44. 對於自主性與獨立性，我們的價值觀相似。「是」「否」
45. 對於婚姻中的權力分享，我們的價值觀相似。「是」「否」
46. 對於互相依賴和「同在感」，我們的價值觀相似。「是」「否」

47. 對於擁有財產與財物的意義（如汽車、衣物、房屋與土地），我們的價值觀相似。「是」「否」

48. 對於自然和我們與節氣的關係，我們的價值觀相似。「是」「否」

49. 我們都念舊，常常想起往事。「是」「否」

50. 對於理想中的退休與老年生活，我們的價值觀相似。「是」「否」

計分方式：每圈選一個「是」，即得一分。如果分數低於三分，你的婚姻在這方面還有改善空間。請務必一起做這個評量後面的練習四。

以下的練習其實只是讓你們回答與討論的題目清單。這些題目分爲四大類，是形成夫妻共同意義的基礎，包括：慣例、角色、目標與象徵。這些題目並不是設計來要人一個晚上或甚至一個月完成。請把這些題目當成未來各種討論與閒聊的話題。

為了充分利用這些題目，請每次專注在一個題目上。你們甚至可以在筆記本寫下對於該題的想法。然後閱讀彼此的答案，面對面討論。

然後談談兩人在這個議題上的差異、共同點、可以更深入探討的部分。找出能尊重各自價值觀、理念與夢想的方法。雖然在許多部分兩人有各自不同的需求，請想辦法儘量支持對方，在出現個性差異的地方，努力設法尊敬和包容（如果這樣會導致爭吵，就把本書關於第四、五、六項法則的練習做一遍。就算做過了也再做一遍）。如果可以，寫下自己的家庭憲章、人生意義與共同理念。

家庭慣例

現在很少家庭會固定共進晚餐，而且多半也是邊吃邊看電視，這讓人頗為難過。其實這種情況會嚴重扼殺晚餐時的家人對話。在婚姻中培養出非正式的慣例，讓大家情感交流，可謂至關重要。

我們大多生長在重視某些慣例的家庭，諸如春節的守歲、清明節掃墓、慶祝生日、家庭聚會。讓這些慣例成為婚姻生活的一部份（或是兩人想出新的慣例），讓家更有凝聚力。

杰西父親來自一個緊密的家族。從小時候開始，家族所有婚禮的攝影師都會花上幾分鐘，讓約莫五十人的家族聚集，拍攝家族合照。家族每位成員攜眷帶子齊聚一堂，新郎新娘則坐在中間。

杰西年輕時會很不耐煩，覺得特地擺姿勢拍照簡直可笑至極。可是當他愛上亞曼妲並娶她為妻，家族合照的慣例對他就具有全新意義。忽然之間，他變成坐在椅子上的新郎，身旁有家族成員團團環繞。現在每當他看著婚禮相簿的家族合照，都會自豪不已，感受到自己與家族的連結，知道亞曼妲真正加入他的家族了。過去這些年來，每當杰西參加家族其他成員的婚禮，他和亞曼妲與大家一起擺姿勢拍照，這種感受都會一直不斷加深。

慣例不一定源自兩人各自的童年或家族傳承。你們也可以創造自己的慣例。新慣例可能來自先前家庭曾經欠缺的事物。如果你以前希望家人週末一起出遊，可能就會想在每週的行程加入這項。

有些慣例看似沒什麼，卻可能對一個家庭具有非凡意義。例如，尼克與荷莉總是會烤蛋糕替家人慶生。當他們的兒子還在學走路時，夫妻倆就有這個慣例，因為兒子對雞蛋過敏，在麵包店買不到合適的生日蛋糕。這些年來，兒子的過敏症早就好了，可是這個家庭慣例卻保留下來，因為這對他們來說已經別具意義，讓他們有機會相聚，以祥和、家常的方式為家人慶生。

練習一：慣例

在下面的練習中，你們可以討論自己想要的是什麼，藉此創造具有連結性的家庭慣例。討論自己小時候家中的慣例（或是缺乏的慣例）是什麼、還有對你來說最好的經驗和慘痛的經驗是什麼。然後「寫」出你們的家庭慣例，這樣就會知道誰該做什麼，又該什麼時候做，讓這些慣例成為固定進行和期待的事。

1. 我們會或應該如何一起吃晚餐？是否該共進晚餐？晚餐時間的意義為何？在成長過程中，我們各自家庭的晚餐時間是什麼時候？

2. 我們每天早上該如何道別？在成長過程中，我們的家庭會怎麼做？我們回到家時又該怎麼做？
3. 睡覺時間應該做什麼？在成長過程中，我們的家庭會怎麼做？我們希望這是怎麼樣的時刻？
4. 週末的意義為何？在成長過程中，我們的家庭會怎麼做？現在週末應該是如何？
5. 我們有什麼假期的慣例？在成長過程中，我們的家庭會怎麼做？現在假期應該有何意義？
6. 挑選一個有意義的節日。這個節日對我們真正的意義為何？今年我們該如何慶祝這個節日？在成長過程中，我們各自的家庭會如何慶祝這節日？
7. 我們大家各自要如何提振氣氛、重現歡樂場面？這些慣例意義為何？
8. 家人生病時，我們會有什麼慣例？在成長過程中，我們的家庭會怎麼做？我們現在的家庭應該怎麼做？

社會學家威廉・達赫蒂（William Doherty）曾大力倡導建立能使家庭產生連結的慣例，認為這是非常重要的。例如，他和太太就養成晚餐後喝咖啡的慣例。在這個慣例中，他會和太太喝咖啡聊天，孩子則會玩耍或做功課。全家晚餐後一起收桌子，然後他沖咖啡，拿到客廳給太太。這是段有著感情連結的祥和時光。你們也可以透過以下的活動創造家庭連結，建立你們所珍惜的家庭慣例：

- 兩人每週放下孩子去約會一次
- 共同慶祝成功，祝賀大大小小成就，在婚姻裡創造表達榮耀與讚美的慣例。

- 創造驅走不順遂、挫折、疲勞或疲憊的慣例。你們會如何自我支持、治療與振作？
- 發展關於招待朋友、關懷所屬社群成員的慣例，或是邀請自己關心的人到家中。
- 形成做愛與談論做愛的慣例。這些都是留到夜深人靜、大家都累了時才做的重要事情。夫妻往往認為性愛應該自然隨性，不想事前規畫。可是各位如果去回想最美好的性愛時光，會發現通常都是在交往期間。那些浪漫的約會，從穿著打扮、使用的香水或古龍水、約會地點到音樂與飯後美酒都是經過事前規畫。所以你們需要規畫浪漫氣氛與性愛。形成讓雙方都覺得自在的慣例，讓你們能討論性愛的美妙之處與改進部分，這將會大有幫助。
- 建立聯繫親朋好友的慣例，你可以規畫家庭活動與聚會。
- 每年都會有的生日或特別事件，例如你們很重視的節日、生日與結婚週年，也可以形成慣例。

在人生中的角色

我們對於自己在這世界上的定位，有部分乃是基於我們所扮演的各種角色。我們扮演配偶、子女或是父母，並且從事某種工作。從婚姻的立場來看，我們對於自己和另一半角色的觀點，如果無法為兩人添增意義與和睦氣氛，就有可能製造緊張情勢。

若你們對彼此抱持相似期待（心目中夫妻在家中扮演的角色），你們的關係會更深刻。我們並非討論那些表面的問題，例如誰該洗碗；而是討論更為深刻的感受，像是你對自己與另一半的期待。舉例來說，伊恩與伊拉蕊相信丈夫應該保護全家，負責家計，太太則負責養兒育女。克蘿依與伊凡相信平權婚姻，雙方應該在感情與財務上相互扶持。在這兩個婚姻中，夫妻對於自身扮演的角色理念相似，所以他們的婚姻幸福。如果伊恩娶了克蘿依，伊拉蕊嫁給伊凡，則必然會造成比較多的磨擦。

夫妻若對養育兒女的看法相似，例如把兩人重視的價值觀傳承給孩子，也能夠加深婚姻的意義。同樣地，討論像夫妻與父母和手足應該如何互動這樣的問題，也能夠增進婚姻的意義。（例如你視他們為家庭一份子？還是視為要保持距離的外人？）就連你們對工作的看法、附加在工作上的意義，都能夠加深彼此間的感情連結。換言之，只要對這些問題的感受相似，兩人關係就會十分鞏固。

不過這並不代表你們（或是能夠）在人生的哲學或心靈層面要完全吻合。例如，從事相同行業的夫妻，可能從工作得到不同的意義。強尼是個充滿熱情的科學家，地質學家的工作對他很重要，是他自我認同的一部分，深深影響他對這個世界的看法。他受到重視客觀分析的科學方法啟發，也非常以身為地理學家為榮。如果問起他的身份，他會先說自己是地質學家。他的太太莫莉也是地質學家，可是她並未如此深刻認同自己的職業。她認為自己最重要的身份是女人，而不是科學家。可是這並不會造成兩人的難題。他們在生活許多其他方面有深刻連結，所以這項差異從來都不是問題癥結。

練習二：角色

兩人越是坦誠討論對人生角色的信念、看法，就越可能自然而然達成合理共識。你們可以先各自思索這些問題，然後再一起討論，這樣將會大有幫助。

1. 你對自己扮演的丈夫或太太角色有何感想？這角色對你的人生有何意義？你的父親或母親對這角色有何看法？你們的看法有何異同？你會想如何改變這角色？
2. 你對自己扮演的父親或母親角色有何感想？這角色對你的人生有何意義？你的父親或母親對這角色有何看法？你們的看法有何異同？你會想如何改變這角色？
3. 你對自己扮演的兒子或女兒角色有何感想？這角色對你的人生有何意義？你的父親或母親對這角色有何看法？你們的看法有何異同？你會想如何改變這角色？
4. 你對自己的工作角色有何感想（你的職業）？這角色對你的人生有何意義？你的父親或母親對這角色有何看法？你們的看法有何異同？你會想如何改變這角色？
5. 你對自己扮演的朋友角色有何感想？這角色對你的人生有何意義？你的父親或母親對這角色有何看法？你們的看法有何異同？你會想如何改變這角色？
6. 你對自己在群體中扮演的角色有何感想？這角色對你的人生有何意義？你的父親或母親對這

角色有何看法？你們的看法有何異同？你會想如何改變這角色？

7. 你如何平衡自己人生中的這些角色？

個人目標

我們努力想達成的目標能為人生帶來意義。雖然我們都有些非常務實的目標（像是賺錢），我們也會有更深層、更屬於心靈層面的目標。對某人來說，他可能童年時飽受打罵，所以目標就是找到平靜與療癒。其他人的目標或許是養育善良大方的孩子。常常我們並不會談論自己最深層的目標，有時甚至沒問過自己這些問題。當我們開始思考這些，就能探索影響自己與與婚姻的某些事物。

你可以和另一半分享自己最深層的目標，藉此提升兩人的親密度。甚至能一起努力，達成共同目標，這些目標能讓你們邁向更豐富的人生。例如，愛蜜莉與艾力克斯都致力於志工服務。孩子長大後，他們決定為自己的社區奉獻。所以艾力克斯加入委員會，愛蜜莉開始上社區大學的成人教育課程。「我原本可以自己來，」愛蜜莉表示：「可是我與艾力克斯合作，回饋街坊鄰居，更令我覺得開心。這不僅讓我對自己重新認識，婚姻也脫胎換骨。」

練習二：目標

要和另一半一起探索各自人生的目標與婚姻意義，請先問自己下列問題：

1. 寫出你們人生任務的「使命」。寫下自己的悼念文，你們希望上面寫些什麼？
2. 你們有何人生目標？對自己、另一半或孩子有何目標？你們想在往後五到十年完成什麼事？
3. 你們有生之年想實現的人生夢想為何？
4. 我們的生活常塞滿緊急事件，可是什麼事才能為你的人生帶來絕大活力與樂趣，真正應該留下時間，卻總是被延後或擠掉？
5. 心靈層面的部分在你們的人生扮演什麼角色？在成長過程，心靈層面的部分在你們的家庭扮演什麼角色？心靈層面又該在你們的新家庭扮演什麼角色？

共同象徵

婚姻的共同意義還有一類表現，就是代表雙方共同價值觀與信念的事物充斥在兩人的生活中。這些「事物」通常都是實物。例如，對珍娜與邁克來說，家中餐桌的意義特別重大。他們存了好幾年的錢，才終於能向當地的木匠師傅訂製這張餐桌。他們會在家庭慶祝活動使用。這張餐桌美麗又堅固，宛若他們幸福又穩定的婚姻。另一個家庭在牆上保留一尊小天使雕像，悼念他們胎死腹中的第一個孩子。這個小天使不僅紀念那個寶寶，也代表兩人的堅強以及他們對彼此的深愛與支持，這些讓兩人相互扶持度過這場悲劇，繼續打造出快樂的家庭。

有些象徵雖然抽象，對婚姻的意義卻絕不亞於實物，像家庭故事就能象徵整套價值觀。就這個涵義來說，海倫曾祖父母即使分隔兩地，依然相愛廝守，這個故事便象徵家庭最重視的忠誠感。每次只要講到這故事（家庭故事本來就是會重複講述好多年），就象徵夫妻對忠誠的高度重視。凱文祖母的雜貨店與濟貧善行也隱喻根深蒂固的家庭價值：個人與鄰里的連結更勝金錢。對夫妻來說，就連住家都具有重大象徵意義。夫妻可能不只把住家當成吃飯睡覺的場所，他們也會將其視為兩人生活的心靈重鎮，因為他們在此完婚、孕育新生命與撫養孩子。

練習四：象徵

請討論下列題目，探討象徵在婚姻中的重要意義。

1. 什麼象徵物（如照片或物品）能代表我們在這世上的家庭，代表我們重視自己身為＿＿＿家人

（填入姓氏）？

2. 家庭故事也是種象徵，通常代表並傳授整套價值觀。你的家族有什麼時間悠久的故事？哪些故事讓你引以為傲、讓你想在自己的家庭繼續傳承？

3. 住家對你們有何意義？你們認為住家必須具有什麼特質？在你們成長過程中，各自的家庭擁有怎樣的住家？

4. 在你們的人生中，有什麼事情可以象徵充滿意義的美好生活？捐款給慈善機構、點蠟燭紀念先人，這些可能都對你具有象徵意義。你是否覺得自己做的還不夠？

要和另一半在深層、迫切的問題上覺得看法一致，是不可能在一夕之間發生。共同探索這些問題確實需要持續一輩子進行。你們的目標不應該是對所有重大問題看法相同，而是創造一種婚姻，讓兩人能接受彼此最重視的堅定信念。你們越能創造出雙方樂意分享信念的關係，兩人攜手共度的人生之旅就越充滿喜樂。

後記：接下來呢？

沒有任何書籍（或是諮商者）可以解決所有的婚姻問題。可是如果你能在自己的婚姻運用這七大法則，你就真的能夠改變兩人關係的方向。就算只是讓婚姻前進的方向略為改變，長時間下來也能締造重大的正面影響。當然，困難之處在於你必須以此基礎努力，而且要持之以恆。改善關係就像一種旅程。如同所有的旅程，你要先停止懷疑、跨出一小步，然後觀察自己身在何處，然後再跨出下一步。如果無法前進，或是走錯幾步，那請再讀一遍本書內容，特別留意自己現在的狀況，必能找出解決之道，讓婚姻轉入正確方向

一旦覺得婚姻「漸入佳境」，以下還有幾個讓兩人關係持續更好的建議。

神奇五小時

我們追蹤來過愛情實驗室的夫妻，想知道婚姻持續改善的夫妻與沒有持續改善的夫妻有何差別。那些婚姻成功的夫妻是否有徹底改變生活？答案是沒有。我們非常驚訝地發現，他們每週只會另外花五小時經營婚姻。雖然每對夫妻花這五小時的方式各有不同，可是還是看得出來一些明顯的模式。整體來說，這些夫妻在做的，就像進行七大法則的密集進修課程。這個方法效果非常好，所以我稱之為「神奇五小時」。你也能按照以下方法試試。

彼此道別：確認兩人早上道別之前，你已經知道另一半當天的一項行程，例如和上司吃中餐、預約看診或要打電話給老友。

時間：每天２分鐘×５個上班日

合計：10分鐘

回到家：下班回家後務必來個抒解壓力的談話（請參閱第一〇三頁）。

時間：每天20分鐘×５天

合計：１小時40分鐘

表達愛和讚美：找到每天向另一半表達真摯情意與讚美的方法。

時數：每天5分鐘×7天

合計：35分鐘

培養感情：兩人在一起時，親吻、擁抱、緊擁與撫摸。睡前務必親吻對方。用那個吻消除一整天累積的任何不愉快。換言之，那個吻包含你對另一半的包容與柔情。

時數：每天5分鐘×7天

合計：35分鐘

每週約會：以輕鬆，無壓力的方式交流。向彼此提問、更新愛情地圖、坦誠相對（如果有必要話，當然也能利用約會討論問題，解決那週爭吵的事情）。先想想要問對方的問題（例如「你還在考慮重新裝潢臥房嗎？」、「我們下次放假應該去哪裡？」或「公司最近如何？」）

時數：每7週1次，每次2小時

合計：2小時

總時數：五小時！

其實把這些改變融入兩人關係，所需的時間並不多，但這五小時卻能幫助兩人婚姻走上正軌。

問題偵測系統

有些專家聲稱不幸福的婚姻有項重大原因，就是夫妻對彼此期望過高。只要降低期望，夫妻就不會爭吵，也比較不會失望。可是北卡羅來納州大學的唐諾・博康博士（Donald Baucom）透過研究夫妻對彼此的標準與期望，已徹底駁斥這個說法。他發現對婚姻期望最高的人，往往最後婚姻品質也最好。這表示就算維持高標準，不必另尋他法或降低標準，反而更有可能得到自己理想中的婚姻。

我們曾經研究過新婚夫妻，結果也證實博康博士的主張。夫妻若是設法想去適應婚姻中的高度負面情緒（易怒、情緒疏離），最後反倒比較不快樂或不滿意。至於拒絕忍受大量負面情緒的夫妻，則在幾年後變得快樂又滿足。當輕蔑與辯解造成嚴重威脅時，他們會堅持以溫和方式來面對。

從上述看來，每個婚姻都該有內建的初期警告系統，讓人知道婚姻品質出現惡化危機。我把這個系統稱為婚姻問題偵測系統，因為它確實能發現事有蹊蹺！

有人說，男性最怕聽到「談談我們的關係吧」這句話，其實這句話也讓許多女性膽戰心驚。克服這種恐懼的最好方式就是及早處理，趁兩人之間的問題還輕微時提出討論，免得問題不斷累積、一發不可收拾。

通常夫妻中會有人帶頭找出問題。那個人常常都是太太。當她的丈夫變得暴躁易怒或沉默寡言，她會找丈夫一起面對，找出問題癥結。可是其實夫妻雙方都能在婚姻中發揮這功能，沒有理由做不到。

你們可以運用下列的題目，每週問自己一次。這些題目能引導你們評估兩人關係現況如何。記得要使用圓融開場的方式討論，切勿批評對方。最好的方式就是說：「嘿，我不太明白。你怎麼了？」（注意別在睡前處理任何問題，這會讓人無法安睡。）

說明：使用以下題目，評估兩人目前（或最近）的狀況，釐清你們是否想提出什麼問題。可以複選。如果勾選超過四個，就該考慮在三天內與對方好好討論。

1. 我最近非常易怒。
2. 我最近覺得感情疏離。
3. 兩人之間總是很緊張。
4. 我發現自己想離開。

5. 我最近感覺寂寞。
6. 另一半似乎最近無法給我感情上的支持。
7. 我最近感到憤怒。
8. 我們最近都覺得跟對方有距離。
9. 另一半都不太了解我的想法。
10. 我們面臨沉重壓力，嚴重影響兩人關係。
11. 我希望我們能更親近。
12. 我最近很想獨處。
13. 另一半最近非常易怒。
14. 另一半最近感情疏離。
15. 另一半似乎最近心不在焉
16. 我最近無法給另一半情感上的支持。
17. 另一半最近老在生氣。
18. 我對另一半的想法不太了解。
19. 另一半最近很想獨處。

20. 我們真的需要談談。

21. 我們最近無法好好溝通。

22. 我們最近更常吵架。

23. 最近小爭執都會越演越烈。

24. 我們最近傷害對方的感情。

25. 我們的生活沒有太多玩樂或喜悅。

世界上沒有建設性的批評，批評只會造成痛苦

運用過七大法則之後，你應該就會了解，世上根本沒有建設性批評。所有批評都會造成痛苦。抱怨則不同，抱怨是要求做特定的改變，而批評則是對婚姻有害無益。批評勢必會讓狀況更糟。為什麼另一半變得老是愛批評？我們已經發現有兩個來源。第一個是沒有做出回應的另一半。簡言之，如果太太一直抱怨先生把報紙丟在浴室，而先生只當耳邊風，最後太太可能會開始批評先生，罵他是個懶鬼，而不會客客氣氣提醒他把報紙收好。就算太太的批評方式改變，但對婚姻還是沒有什麼幫助，因

為批評會讓先生更沒回應。擺脫這個循環的唯一方法就是兩人共同改變，但這實行起來並不容易。必須夠體貼，才能對沒回應的另一半少點批評；必須夠勇敢，才能面對老愛挑剔的另一半。若要終止這個惡性循環，雙方都需要改變。

另一個批評的來源在於內在。這個來源與自己人生中形成的自我懷疑有關，特別與童年時期有關。換言之，一切都是從自我批評開始。亞倫無法真心欣賞或滿意自身的成就。當事業遇到瓶頸，他在內心深處便認為自己毫無價值。等到他事業成功時，也不准自己驕傲自滿。他的內心有個聲音會說這樣還不夠好。他不斷尋求肯定，可是當真的獲得肯定，卻又無法享受，甚至無法接受。

亞倫娶蔻特妮後會發生什麼事？因為他訓練自己總是去注意哪裡有錯、哪裡出紕漏，而不是去欣賞既有的事物，所以他很難為蔻特妮的優點或兩人的婚姻感到開心。他無法欣賞蔻特妮的美好特質，就算蔻特妮溫柔又專情，在他可能失去重要客戶時給予感情上的大力支援，但他卻只專注自己眼中蔻特妮的缺點，嫌她太過情緒化，不善於社交，把家裡打理得不如他的預期。

原諒自己的不完美

以上的故事是大多數婚姻常犯的錯誤（達85%）。如果你認為自己不夠好，你就總是會想挑出自己與另一半的不足。讓我們面對現實吧：不管和誰結婚，對方都會欠缺某些令你滿意的特質。問題是我們容易專注在伴侶所欠缺的，忽略他們既有的美好特質，因為我們已視為理所當然。

如果你會批評自我，你最能幫到自己和自己婚姻的一件事，就是努力接受自己和自己所有的缺陷。當我回顧至今的人生，我體認到原諒自我所有的不完美，大大改變我身為丈夫與父親的角色。

在此我都要送給各位一段話：**批評是毒藥，輕視也是致命毒藥，表達感恩與讚美則是這兩者的解藥。**以下的練習能幫助你學會如何表達感恩和讚美。

感恩練習

步驟一：時間為期一週，留意自己是否老想批評別人、找出紕漏、只看缺陷並加以論斷。請試著專注於他人美好的部分。注意自己所擁有的與他人的貢獻。尋找能讚美的事物，先從簡單的開始。例如，讚美這個世界、自己的生命、日出、下雨的好處或孩子眼中看到的奇妙事物。對於每一天發生的各種小小奇蹟，說出感恩的話（沒有特定對象）。這將會轉移你對負面事物的注意力。

步驟二：每天至少發自內心讚美伴侶一次，時間為期一週。注意這個練習對另一半與自己的效果。如果順利完成，就把這個練習再延長一天，然後再多加一天。還可以把這個練習延伸到其他人身上，例如你的孩子。當你認識新朋友，也請找尋對方的特點。請記住，所有讚美都得真誠發自內心，切勿假裝。特別注意並欣賞這些正面特質。試著告訴對方你觀察到什麼，真心讚賞對方。在每個人身上找出一項優點，不要去看缺點。

當你把讚美的期間在一週後又延長一天，然後一天天延長下去，你將會獲得一個絕佳的禮物：你會開始原諒自己。恩典與寬恕將會進入你的世界。你開始享受自我成就，而不是認為自己還不夠好。

兩人關係越充滿讚美與感謝，生活就越愉快圓滿

為人父母者若是能承認自己有錯，說出「這次是我錯了」或「對不起」，這也是送給孩子最有意義的禮物。這麼做非常有效，因為你也允許孩子犯錯。讓孩子知道，就算承認自己徹底搞砸了，天也不會塌下來，這能讓孩子學會原諒自我。同樣地，對另一半說出「對不起」，真心向對方道歉，也是非常重要的事。你越是讓兩人關係充滿讚美與感謝，兩人生活就越有意義、愉快而圓滿。

推薦文

約翰・高曼（John M Gottman）是婚姻與家庭治療領域的大師，實務經驗豐富，著作等身，目前是華盛頓大學心理學榮譽教授，也還在開課程訓練婚家治療師，而妮安・希維爾（Nan Silver）是紐約時報暢銷作家，也是專精於親子與心理學的新聞記者及部落客，觀察敏銳，文筆流暢，這兩位大師級研究者／作家合寫的這本書，在美國心理學界人手一本，也翻成多國語言，中譯文終於今天在台灣問世，讀者有福了。

約翰・高曼於二〇〇七年被選為過去25年來最有影響力的十大治療師之一，以專長於婚姻穩定與關係分析著稱。夫妻沒有不吵架的，而他認為夫妻如何吵架是與婚姻穩定有關，但如何和好也一樣重要，伴侶各人都必須學習爭吵後如何妥協，才能穩定婚姻。

本書有許多特點，不光是治療師的臨床經驗，作者還以科學程序來觀察五十對夫妻白天的互動情形，全程錄影，並在拌嘴或爭吵時以心電動態監測器測量其生理變化及情緒浮動，再加上深度訪談，史無前例地呈現出每對夫妻口語互動及吵架模式的細節。實例中的對話真實貼切，覺得很熟悉，彷彿自己也是案例中的人物，也才恍然大悟，原來夫妻吵架是多麼好笑又危險，不知不覺就會陷入婚姻危機。

作者綜合整理出六大特徵，其中最有創意又貼近生活的就是四騎士（批評、輕蔑、辯解及停止溝通）。夫妻經常不自覺地邀請這些騎士進駐婚姻關係中，再加上其他五個危機特徵，婚姻也就岌岌可危了。好在高曼知道如何對症下藥，研發出七個法則，在每章中詳細說明，教導運用，以引導夫妻朝向和諧長久之美好關係。其中愛情地圖的概念就是要打破「結婚是愛情的墳墓」之迷思。

書中談到一些婚姻迷思以及治療師／案主經常誤用或濫用兩個最重要的諮商技術——積極傾聽及溝通技巧。作者以細膩的文字描述如何有效地應用此兩技術，活化諮商歷程，才能真正地落實伴侶間的接納與瞭解。每章節中的問卷與練習非常實用，啟發婚姻治療師思考諮商方向的深度與廣度，也讓夫妻伴侶細細地檢視婚姻生活中的每日互動。

單身或結婚是個人生活方式的選擇，既然選擇結婚就要過幸福婚姻。高曼在書中強調幸福婚姻可以提升個人免疫系統，然而婚姻並不總是一路順暢，難免會有困難，自我治療或尋求諮商都是可行之道。自我治療通常都是閱讀相關書籍、聽演講或上工作坊，而婚姻治療師本身也得充實自己的知識、技術與能量，這本《讓愛延續的七個方法》就是一本優質婚姻治療手冊，讀這本書，再複習一遍就有如上了三天的「婚姻治療」課程，有概念如何使「相敬如冰」或「相敬如兵」的婚姻起死回生。

親愛的讀者，你對心理學有興趣嗎？你想做自己的婚姻治療師嗎？歡迎你加入閱讀本書的行列，提升自我成長。親愛的專業助人同好，這是一本以個人中心治療法、認知行為治療法及正向心理學為理論基礎的研究成果，深入淺出，明白好用，自我進修多讀幾遍，融會貫通，可以增加功力，讓你成為更好的諮商／治療師。（本文作者為東吳大學心理系兼任副教授、資深婚姻與家庭協談師林蕙瑛）

讓愛延續的七個方法

兩個人幸福過一生的關鍵秘訣（新修版）

THE SEVEN PRINCIPLES FOR MAKING MARRIAGE WORK

A Practical Guide from the Country's Foremost Relationship Expert

作　　者　約翰・高曼（John M. Gottman）、妮安・希維爾（Nan Silver）
譯　　者　陳謙宜、沈碁恕
責任編輯　曾婉瑜
封面設計　周家瑤
版面構成　賴姵伶
行銷企劃　劉妍伶

發 行 人　王榮文
出版發行　遠流出版事業股份有限公司
地　　址　104005 台北市中山區中山北路 1 段 11 號 13 樓
客服電話　02-2571-0297
傳　　真　02-2571-0197
著作權顧問　蕭雄淋律師

2024 年 4 月 1 日　三版一刷
定價　新台幣 360 元（如有缺頁或破損，請寄回更換）

ISBN　978-626-361-465-9
遠流博識網　http://www.ylib.com　E-mail: ylib@ylib.com

國家圖書館出版品預行編目 (CIP) 資料

讓愛延續的七個方法 : 兩個人幸福過一生的關鍵秘訣 / 約翰 . 高曼 (John M. Gottman), 妮安 . 希維爾 (Nan Silver) 著 ; 陳謙宜 , 沈碁恕譯 . -- 三版 . -- 臺北市 : 遠流出版事業股份有限公司 , 2024.04
面 ;　公分
譯自 : The seven principles for making marriage work
ISBN 978-626-361-465-9(平裝)
1.CST: 婚姻 2.CST: 兩性關係
544.3　　112022860